保育の道をめざす人へのアドバイス 改訂版

養成校での学び方から
就職活動まで

紙透雅子 ― 編

みらい

刊行に寄せて

この本には、主に短大に在籍して保育者をめざすみなさんに対し、知っておいていただきたいこと、考えてみていただきたいこと、チャレンジしていただきたいことが提案されています。特定の学問の学び方について書かれている章もあれば、学生生活を円滑に送るためのヒントを中心とした章もあります。また、今日の保育の動向に対応した内容と共に、初版にはない新たなテーマも盛り込んでありますので、興味のもてるところから、目を通してみてください。

考えてみれば、よい保育者になるということは、誰にとっても二、三年でたどり着けるような簡単な目標ではありません。おそらくは、子どもたちと共に毎日の生活に取り組み、たくさんの人たちと触れ合いながら、知識を蓄え感性を豊かにし、己の人となりを磨いていくことが、そのゴールにつながっていくのでしょう。

長い道のりですが、一歩一歩進んでいってください。

本書がその一助となれば幸いです。

二〇一六年七月

執筆者代表　紙透雅子

もくじ◉保育の道をめざす人へのアドバイス　改訂版　――養成校での学び方から就職活動まで

第1章

心と身体を健康に

——保育者になるための基礎づくり

紙透雅子

子どもとダンスを楽しむ保育者

1 教員の役割

みなさんは短大に入学以来、高校までの授業との違いに、少し戸惑うようなことも経験されているのではないでしょうか。難しい。教科書のどこをやっているのかわからない。板書をしない先生の授業では、何をノートに書いたらよいのか戸惑ってしまう。「わからないことがあれば、質問してください」と先生は言うけれど、大勢の友達の前ではなかなか発言できない……。もっともな話です。

そもそも私たち教員は、学生のみなさんに対してわかりやすい授業となるように工夫をする義務があります。教員が何を話しているのか、学生がとんと理解しないまま授業が進み、さて試験だとなった時に、学生たちが慌てるようではいけません。

いったい、わかりやすい授業とは、どのようなものなのでしょうか。

答えは一つに限らないと思いますが、その授業で何を学ぶべきなのか、目的や目標がはっきりしているということが重要なカギとなります。今、何をやっているのか。それがどのように役立つのか。前回の授業とどのようなつながりがあるのか。これらのことが、いつもみなさんの頭の中で明確になっていれば、その授業はかなりわかりやすいはずです。

欲ばりなようですが、わかりやすいだけでなく、学生が退屈しない楽しい授業にしたいと、実は教員の誰しもが考えています。また、講義内容が学生のレベルに合っているか、授業の進度が早すぎないかを見直し、授業内容の配列や教材の提供の仕方を工夫し、学生たちが授業に積極的にかかわれるような方法がないかということも検討します。

私の場合は、独り舞台で授業を進めることを避け、できるだけ学生に発言の機会を与えるということに気を配っています。教員と学生との間に一方通行でないやりとりがあり、その相互作用の中でよりよいアイディアが生まれたり、新たな着眼点が見つかったりするような授業ができれば、大成功だと思うからです。そのためには、学生と教員とが、お互いに何を考えているかを理解し合う必要がありますが、特に、教員の側が学生を理解しようと努力をすることで、よりよい授業が成立するというのが私の持論です。

みなさんにとってつらいのは、興味・関心の薄い分野であっても、卒業や資格取得のため、否が応でも受講しなければならない授業があるということでしょう。端的に言って、それは我慢していただくほかはないのですが、それでも、教員ができる限りの努力をして、目的・目標を明確に示し、みなさんの学習意欲をかき立てるような方法を工夫すれば、それほど苦痛にはならないと思うのです。

しかし、それでも面白くなくて、ついつい授業中に友達とおしゃべりをしたり、居眠りをしたりしてしまう人もいるようですね。

実のところ教員は、学生がなぜ授業中に騒がしいのか、どうしてレポートを期限までに提出しないのか、なぜ遅刻や欠席が多いのか、どうして反抗的な態度をとるのかなどということに、頭を悩ませることが少なくありません。授業に出てはくるけれど、きちんと座っていられずに寝そべったり、集中力がなかったりと、学生の気になる行動も多種多様です。それらの行動について注意をすると、とたんに膨れっ面をするなど、非常に子どもっぽい態度をとる学生にもお目にかかります。授業中に体調が悪くなり、「トイレに行かせて」「保健室に行ってくる」などと申し出る学生も珍しくありません。もしかしたら、あなたにも身に覚えがあるのではありませんか？

そんな時、教員は「しょうがないな」と諦めるか、口に出して注意を与えるか、どちらかの対応を余儀なくされます。小学生に言うようなお小言を、もうすぐおとなの仲間入りという年頃のみなさんに向かって発することは、教員の側にも大いに抵抗があるのです。しかし、教員と言えども人間です。我慢の限界に達すれば、「そんなに勉強が嫌なら出て行きなさい」などと、最後通告を発することもあるでしょう。

でも、授業中に学生が自分の思うように動かないからと言って、ただ叱るだけでは、問題の根本的な解決にはなりません。学生の気になる言動の裏側には、それなりの原因が隠されていることが多いからです。それを理解するにはやはり、教員が学生のみなさんとじっくり向き合う機会をもち、みなさんが何をどのように感じとり考えているのかを、知る必要があります。

みなさんは、短大では授業以外の場で教員に接する機会がほとんどなく、かなりの隔たりを感じているかもしれませんね。しかし教員というものは、おそらくみなさんが思っているよりもずっと、学生のことを知りたがっていますし、知ろうとする努力もしているのです。

2 教員が学生を知る手がかり その1 基礎的な情報の収集とその活用

では、教員はどのようにして、みなさんを理解することができるのでしょうか。その方法の一つとして、調査の実施があげられます。みなさんが入学後すぐに、記載内容の確認を行った「学生個人記録」も調査の一種です。そこには学生の氏名、住所、電話番号、メールアドレス、それから保護者の氏名、連絡先、勤務先などが記載されており、指導教員と学生支援センターのもとで保管され、必要に応じ活用されています。それらのデータにより、教員は個々の学生の置かれた環境のアウトラインを把握することができるのです。

しかし、みなさんをよりよく理解するためには、もう少し詳しい情報が必要です。そのため、私が指導教員を担当する場合には、出身校、家族構成、趣味、長所・短所、アルバイト先などの、より詳しい情報も収集しています。それは、学生のバックグラウンドまで把握していなければ、十分な指導はできないと考えるからです。もちろん個人情報ですから、それらのデータはみなさんが卒業するまで、十分な注意のもとに管理し、学生指導のためだけに使用します。

体育の授業を担当する私の場合、これらの基礎データに追加するのは、健康調査から得られる情報です。みなさんが病気にかかっていることを認識しないまま体育の指導を行うのは、大変に危険なことだからです。学生個々の現在に至るまでの運動経験、健康上気になること、あるいは慢性的な疾病をもっているかどうかなどを事前に把握していれば、教員も学生も安心して体育の授業を行うことができますし、安全に運動を行うための方策を考えたり、万が一の対応について、あらかじめ勉強しておいたりすることもできるのです。

ご参考までに、私が実際に行った健康調査の結果を示しておきましょう。二〇一四年度のデータは、表1－1のとおりでした。アトピー性皮膚炎、喘息《ぜんそく》、過呼吸、貧血、生理痛などの疾病や症状があがっています。そのような申告をした学生に対しては、授業が開始される前に簡単な面接を行い、どんな症状なのか、どんな対策をとったらよいかなどを確

表1−1　T短大生に対する健康調査の結果（2014年度）

健康状態に関する申告あり　総数			42
	症状・疾患別内訳	生理痛	26
		過呼吸	3
		貧血	3
		喘息	3
		腰痛	1
		心雑音	1
		僧房弁閉鎖不全	1
		頸部腫瘤	1
		甲状腺機能亢進症	1
		外反扁平足	1
		ストレートネック	1
申告なし　総数			101
合計			143

認したうえで、授業への参加を促すべく、励ましの言葉をかけました。そうすることで、学生も私も安心して授業に入ることができたのです。

ごく少数ですが、難しい疾病をもった学生もおりましたので、その場合には必ず保健室に常駐する職員と相談し、どのような対応をその学生にすべきかなど、的確なアドバイスを得たうえで指導を行うようにしました。

さて、学生のみなさんに対して望ましい指導を行っていくには、保健室と情報を共有するということに加え、学科内の他の教員とも情報を共有することが必要です。保育士や幼稚園教諭の養成課程の学生は学外で実習を行いますが、一年生のうちにつまずいてしまうと、短大ではすぐに、そうした実習に参加できないという事態が起こります。そこで、授業を休みがちな学生に対しては、なぜそのような状況になっているのかということも含めて、学科の中で情報を共有しながら、学生を見守っていくことが大切だと考えています。

私は体育の教員として、特に学生の健康状態にはかなり注意を払っておりますので、その観点から得た情報は、他の教科を担当する教員とも共有するように努めています。つまり、教員はみなさん一人一人のバックグラウンドや健康状態を把握したうえで、よりよい方向に導こうとしているわけです。

3 教員が学生を知る手がかり　その2　個人面談

教員が学生のみなさんを知るためのもう一つの有効な手段が、個人面談です。ともすれば疎遠になりがちな学生との距離を縮め、学生の変化を把握するには、教員が学生一人一人と落ち着いて向き合う機会をもつことが、不可欠だと思うのです。

私が指導教員として学生を指導する場合、春セメスターでは、まず四月に面談を行い、入学直後の不安を受け止めるようにします。そして、五月のゴールデンウィーク明けにも、いわゆる「五月病」に陥っている学生がいないかなどに注意を払います。六月には、勉強の進み具合などに関して、学生から相談を受けることがあります。

そして二ヵ月あまりの夏休みが過ぎて秋セメスターに入ると、きちんと授業に戻れずにいる学生がいないか確認します。多くの場合には、それほど頻繁に話し合いをしなくても済むのですが、中には、毎月あるいは毎週、こちらからの呼びかけを必要とする学生もいます。もちろん、学生のほうから「話を聞いてもらいたい」と自発的に訪ねてくる場合もありますが、いずれにしても、学生の資質に応じた個別指導を行うことは言うまでもありません。

さらに年が明けた一月には、初めての校外実習を前にして緊張する学生の不安を取り除くように、実習担当教員とも連携しながら面談をします。ですから、学生にもよりますが、一年次には少なくとも一人当たり二、三回の個人面談を行うことになります。

二年生に対しては、どうでしょうか。二年生と一口に言っても、一年生の学業が順調に進んだ学生もいれば、残念ながらドロップアウトしかけたような学生も出てきます。ですから、ここでも個別の対応が必要なのですが、順調な学生に対しては、六月の保育実習に向けた励ましの声をかけ、七月にはその実習の様子について聞き取りをします。続く秋セメスターの始めにも、夏期休暇中の保育実習と教育実習の様子を聞き取りすることが欠かせません。校外実習は学生に非常に大きな影響を及ぼしますので、その経験から生じた学生の変化をとらえて対応することが、教員には求められるのです。

その一方、必要な単位が取得できず、校外実習に出られないような学生には、あまり肩肘の張らない会話をしながらも、秋セメスターに備えた心構えができるように導きます。また、秋には大切な就職活動も始まりますので、キャリア支援センターと連携し、学生個々の就職の方向性を見極めながら指導を進めていきます。

このような個人面談を重ねていくうえで私が心がけていることは、縁があって指導教員という立場になった以上、なるべく学生との間に信頼関係が生まれるように努力することです。何か困ったことが起きた時に、「この先生になら打ち明けられる」と学生が思うようになっていれば、対応が遅れずに済みます。トラブルや問題が起きてからその学生を知ろうとするのでは、遅きに失するというものでしょう。たとえ一人五分間の面談でも、信頼関係の構築にはとても有効だと感じています。

教員が学生とのコミュニケーションをとる機会は、個人面談だけではありません。いかにも元気のない学生を目にすれば、「あなた大丈夫？」と、その場で学生に声をかけるのが常です。特に、授業中つらそうにしていたり眠そうにしたりしている学生や、遅刻や欠席の目立つ学生は心配になります。提出物をなかなか出さない、出したとしても文字が乱れていて読めないというような学生は、何か問題を抱えていることが多いように思います。表情が乏しく、発言をするのに時間がかかる学生も要注意です。他の教員から情報を入手することもありますが、気になる学生には、授業終了後すぐに声をかけたり、その学生と仲のよい友達から様子を聞いたりします。これは案外有効な場合が多いのです。

ところで、個別に面談を行っていく中で明らかになってくるのは、家族に関する悩み、アルバイト先での問題、友人や男女関係の悩み、金銭トラブル、交通事故など、実にいろいろな問題です。私たち教員は、それらの問題解決のためのアドバイスをしますし、必要に応じて他の教員や保護者と連絡をとることもあります。また、専門家による対応の必要があると判断した場合は、保健室を窓口として、学生相談の手続きをお願いすることもあります。

表1－2は、私の勤務する短大で学生たちがどのように保健室を利用しているかを示すものですが、二〇一四年度には、在籍数四五六名に対し一五〇件の利用がありました。その内訳を見ますと、けがの処置や頭痛などの身体的な症状の軽減を求める場合が圧倒的に多いのですが、何か相談ごとがあって保健室を訪れる学生も存在することがわかります。保健室が、学生相談の受け皿の一つになっているわけです。

いかがでしょう。短大にもみなさんをバックアップする体制が設けられています。心配なことがあったら、私たち教員に、どうか遠慮なく相談をしてください。そして、保健室を利用してください。

4　自分自身の身体の様子を把握しよう

しかし、教員が張り切っていても、肝心の学生たちが自分自身の心や身体の健康状態に無関心でいるのでは、本末転倒です。そうならないようにするには、みなさん自身が自分の健康状態に気を配り、体調を的確に把握できるようになることが必要です。

表1－2　T短大生の保健室利用状況（2014年度）

症　状	件　数
外傷	28
風邪	21
胃痛・腹痛	10
生理痛	14
頭痛	18
下痢	2
体調不良	15
整形外科的症状	9
眼科疾患	2
皮膚疾患	10
検査	8
相談	13
合計	150

私の担当する「身体活動論」の授業では、学生たちに一定期間毎日、起床時の心拍数や体温を測定する課題を与えます。さらに、歩数計により運動時の消費エネルギーを測定してみたり、安静時と運動時の心拍数の比較などを行ったりしています。このような活動を通して、学生たちが自分の身体の変化に目を向ける習慣をつけ、自ら健康を管理する意識をもつような方向づけができると考えるからです。自分の健康状態を自分で調べて把握し、良好なコンディションを保つ、あるいは、現状をより望ましい方向に変えていこうとする意識を、是非とも学生のうちに身につけてほしいのです。

みなさんのほとんどは、卒業後に保育の現場で忙しく働く毎日を迎えます。保育者として子どもを導くためには、保育者自身が健康でなければなりません。また、保育者として子どもたちが健康習慣を身につけるような支援を行うには、人間の身体の生理的な機能を理解し、健康づくりの方法を知る必要があります。保育者が実際にやって見せたうえで、子どもたちを励ますことも大切です。

例えば保育者は、「外から室内に戻ったら、必ず手洗いとうがいをしましょう」と子どもたちに声をかけ、子どもたちの前で実際に丁寧に手を洗い、うがいをして見せます。上手にできた子どもをほめると共に、尻込みしたり嫌がったりしてなかなか実行しない子どもにも対応するのが、保育者の腕の見せ所です。時には、手洗いやうがいはなぜ必要なのかといった話を、子どもたちにわかるようにすることも求められるでしょう。これは、案外難しいことであり、保育者の創意工夫が求められる場面です。

こうしたことを念頭に置いたうえで、「身体活動論」の授業ではまず、保育者のタマゴであるみなさん自身の健康づくりのために、生活習慣病の予防について解説します。さらに、子どもたちの健康づくりを援助するために不可欠な乳幼児期の運動発達の様子を理解し、運動習慣の援助について考えることが授業の狙いとなっています。つまり、学生のみなさんが自分自身の健康に関心をもつようになること、そして、次の時代を担う子どもたちの健康づくりに対し、積極的に手を差し伸べる責任を自覚することが、「身体活動論」の授業の目的なのです。

保育者のタマゴとしては、健康管理上、気をつけなければならないことがほかにもあると思います。保育者は仕事の中で子どもを抱えたりする場面がどうしても出てきますから、腰痛予防の対策を講じる必要がありそうです。昼食の後、子どもたちには歯磨きやうがいを奨励するけれど、保育者自身が歯を磨く時間は、果たしてとれているのでしょうか。歯周病の予防策についても、検討の余地がありそうです。また、子どものかかった感染症に、保育者が二次感染する可能性も大いにあります。このように、保育者が職業柄陥りやすい健康管理上の問題も存在しますので、一般的な健康管理に加えて独自の対策をもつことも、あわせて考えていただきたいと思うのです。

5　心のケアも大切に

さて、保育士や幼稚園教諭として元気に活躍するためには、身体の健康と共に、心の健康をいかに保つかということも非常に重要です。保育職のように毎日生身の人間と向き合い、密接なコミュニケーションをとりながら進める仕事は対人関係職と呼ばれていますが、それにつきものなのが、精神的なストレスです。どんな仕事でもストレスは生じるものですが、特に対人関係職では、他人のお世話を仕事として行っていくうちに、自分自身の心や身体のケアを後回しにしがちとなり、一層ストレスを溜め込んでしまう傾向があります。都合の悪いことにその傾向は、仕事熱心になればなるほど強まるという危険性をはらんでいますので、要注意です。高熱が出ているにもかかわらず、休めば同僚に迷惑がかかるからと無理をして出勤するというのが、その典型的な例です。子どもを心配するあまり、勤務時間外まで保護者との連絡に費やしてしまうことなども、やり過ぎれば、保育者自身の休む時間を削ることになります。

もちろん、ある程度の無理をしなければならない場面が、仕事にはつきものとは思いますが、同じような状態が恒常的に重なり、本人も気づかぬうちに自分を追い込み過ぎてしまうことのないように、気をつける必要があります。毎日がむしゃらに仕事に没頭し、子どもや保護者のことしか頭にない。先輩に気を遣い、同僚に気兼ねし、気がつくと自分が何のためにそこにいて仕事をしているのかがわからなくなっている。身体もだるく重い。何をするにも気力が出ない……。こうした長期にわたる頑張り過ぎに起因する精神的な症状は、バーンアウト症候群と呼ばれています。

バーンアウト症候群の発症を防ぐには、仕事におけるストレスから心と身体をゆっくりと解放するような、よい休日の過ごし方を心がける必要があります。つまり、一日の中で、あるいは一週間の中で、自分のことだけを考え、リラックスできるような時間と空間を確保することが、長く仕事を続けていくのにはとても大切なのです。非常に真面目だが、気分転換が上手にできないという人ほど、バーンアウトしやすい傾向にあります。自分自身の性格も勘案して、勉強をする時と遊ぶ時とのメリハリをつけることを、学生時代から習慣づけておくとよいでしょう。

仕事上のストレスとは少し異なるのでしょうが、学生時代に友達との関係に悩む人も多いはずです。気の合わないクラスメートから嫌がらせを受け続けたことで、半ばうつ状態に陥る、それが原因で学校を辞めていくというような事態も、残念ながら起こっています。

もしそのような悩みを抱えている人がいたら、だれか信頼できる相手に、早目に相談してみることをお勧めします。先に述べた保健室内にある学生相談の窓口を訪ね、専門家のカウンセリングを受けることもできますので、それを利用するのも一法です。先に、何らかの相談ごとを抱えて保健室を訪れる学生の存在にふれましたが、実はその内容の約七割は、精神的な問題に関する相談であり、精神状態が不安定だとか、進路や将来に関する不安、人間関係などについての悩みが寄せられているのです（表1－3参照）。

確かに、人付き合いをうまくするということは、簡単なことではありません。こうしたらすべてうまくいくというような、単純な解決策はないからです。いろいろな性格をもった多くの人と知り合い、もまれたり失敗したりする中で、その人なりの対処の仕方を身につけていく以外にないのです。最近の若い人たちには、気の合う少数の仲間と常に行動を共にし、それ以外の人たちとは、言葉もろくに交わさないという傾向があるように見えます。厳しい言い方ですが、そうした限られた交流からは、人付き合いのコツを体得することは難しいのではないでしょうか。

考えてみてください。職場というものは、年代も異なり考え方も異なる、様々な人たちの集団です。その中で、自分に与えられた職務を責任ある態度で果たしていくためには、人との上手なかかわり方を身につけることが、どうしても必要になってきます。特に保育

表1－3　T短大生の相談内容（2014年度）

相談内容		件　数	人　数
精神面の相談	精神状態不安定	3	1
	進路・将来	8	1
	人間関係	12	5
	その他	9	9
	小計	32	16
身体面の相談	生理	1	1
	体調不良	5	5
	身体状況	4	4
	疾患の治療など	3	3
	小計	13	13
合計		45	29

という職業にはチームワークが求められますので、一人だけそっぽを向いていたり、うつむき加減で同僚とコミュニケーションをとらないでいるのでは、自分の担当する仕事がうまく進められないばかりか、全体の保育にも影響が出てしまいます。

一口に子どもと言っても、いろいろな子どもがいます。保護者にも、実にいろいろな方がいます。それを考えると、逃げずにいろいろな人とかかわってみるという経験を学生生活の中でしておくことも、みなさんが希望する職業に就く準備の一環として、積極的に行ってみる価値があるのではないでしょうか。

保育者のタマゴのみなさん、二年間の学生生活の中で行うべき課題が、さらに見えてきましたね。学生時代にやるべきことは山のようにありますが、そうした課題にチャレンジしていく中で、少しずつ人間的に成長していくことこそが、みなさんが近い将来プロの保育者としてスタートを切るための大切な基礎固めとなるはずです。みなさんのご健闘をお祈りします。

第2章

保育士・幼稚園教諭になるということ

木村由希

手づくりの魚釣り遊び

1　憧れの職業、保育士・幼稚園教諭

「小さい子が好き！」
「幼稚園の時の担任の先生がとても優しくて大好きだった。ああいう先生になりたいな」
「職場体験に行った時の担当の先生の話を聞いて憧れた」

保育士や幼稚園教諭[*1]になるために入学してきたみなさんの心の中には、それぞれ思い描く先生の姿があることでしょう。

多くの子どもたちにとって、人生で初めて出会う先生である保育士・幼稚園教諭。いつも笑顔で優しくて、一緒に遊んでくれる先生は、いつの時代でも子どもたちの憧れの存在なのかもしれません。小・中学生対象の就きたい職業に関するいくつかの調査結果を見ても、保育士・幼稚園教諭は常にベスト3内にランクインしており、時代にかかわらず人気のある職業であると言えるのかもしれません。[1)2)3)]

また、女性の職業というイメージが強かった保育士・幼稚園教諭ですが、近年は男性保育士・幼稚園教諭も見られるようになってきました。学生が実習している保育所[*2]や幼稚園を訪問した時に、三、四人の子どもたちが男性教諭の体にぶらさがって大喜びで遊んでも

らっている姿や、サッカーが得意な男性保育士が子どもたちにあれこれと教えながら、本気になって一緒にサッカーを楽しんでいる姿を見たことがあります。男性保育者ならではのダイナミックさやたくましさは、特に年長の男の子にはよい刺激になり、憧れの存在になるのかもしれません。

この章では、みなさんのめざす保育士や幼稚園教諭の仕事について、少し専門的な視点から説明することにしましょう。

2 保育所・幼稚園ってどんなところ?

保育所は、児童福祉法に基づいて設置運営される「児童福祉施設」です。両親が共働き、あるいは病気・介護などで日中子どもの面倒を見られない家庭や、シングルマザー(シングルファーザー)の家庭の子どもなど、様々な事情により昼間家庭で保護者が育てられない子どもが生活する施設です。対象となる子どもの年齢は、〇歳から小学校入学前までですが、保育所によっては〇歳児クラスがない場合もあります。

一方、幼稚園は学校教育法に基づいて設置運営される「学校」です。保護者の就労状況とは関係なく、保護者や本人が希望すれば、満三歳の誕生日を迎えたその日から入園する

表2－1　保育所と幼稚園の相違

	保育所	幼稚園
施設の目的	児童福祉法　第39条 保育所は、保育を必要とする乳児・幼児を日々保護者の下から通わせて保育を行うことを目的とする施設とする。 第39条第２項 保育所は、前項の既定にかかわらず、特に必要があるときは、保育を必要とするその他の児童を日々保護者の下から通わせて保育することができる。	学校教育法　第22条 幼稚園は、義務教育及びその後の教育の基礎を培うものとして、幼児を保育し、幼児の健やかな成長のために適当な環境を与えて、その心身の発達を助長することを目的とする。
管轄省庁	厚生労働省	文部科学省
対象	児童福祉法　第39条 上掲 児童福祉法　第４条第１項 この法律で、児童とは、満18歳に満たない者をいい、児童を左（ここでは、以下）のように分ける。 一　乳児　満１歳に満たない者 二　幼児　満１歳から、小学校就学の始期に達するまでの者 三　少年　小学校就学の始期から、満18歳に達するまでの者 第４条第２項 （略）	学校教育法　第26条 幼稚園に入園することのできる者は、満３歳から、小学校就学の始期に達するまでの幼児とする。

保育・教育時間	児童福祉施設の設備及び運営に関する基準　第34条 保育所における保育時間は、１日につき８時間を原則とし、その地方における乳幼児の保護者の労働時間その他家庭の状況等を考慮して、保育所の長がこれを定める。	幼稚園教育要領　第１章第３　教育課程の役割と編成等 ３(3)　幼稚園の１日の教育課程に係る教育時間は、４時間を標準とする。ただし、幼児の心身の発達の程度や季節などに適切に配慮するものとする。
入所(園)・退所（園）の時期	時期に関係なく、子どもを保育所にあずけなければならない状況が発生した時に入所し、必要がなくなった時に退所する（年度途中、随時入所可）	保護者の転勤等による年度途中の転入園を除き、年度の初めの４月に入園して、年度の終わりの３月に卒園するのが一般的である。
保育者に必要な資格・免許	児童福祉法　第18条の６（保育士資格） 指定保育士養成施設等を卒業するか、または、保育士試験に合格すれば取得できる。	教育職員免許法　第４条・第５条（幼稚園教諭免許状） 専修免許状(大学院卒)、１種免許状（４年制大学卒)、２種免許状（短期大学卒)の３種類がある。

出典）森上史朗監修、大豆生田啓友・三谷大紀編『最新保育資料集2015』（ミネルヴァ書房）をもとに著者作成

ことができます。通ってくる子どもたちに対して「教育」を施すための施設が幼稚園です。

ご参考までに、表2－1に、保育所と幼稚園の違いを詳しくまとめておきました。保育所と幼稚園は、同じように子どもが通う施設ではありますが、法令上は目的が異なることがおわかりでしょう。

さらに、二〇〇六年一〇月からは「認定こども園」という新しい施設の設置も進められてきています。これは幼稚園と保育所各々の特徴をあわせもつ新しいタイプの保育施設です。保護者の就労状況などに関係なく入園が可能であり、ニーズに応じて保育時間が選択できるなどの特徴があります。

二〇一五年から施行された「子ども・子育て支援新制度」により、認定こども園は今後急速に普及していくことが考えられます。今から勉強するみなさんの場合は、この認定こども園で働く可能性も十分にあると思われますので、次節で詳しく説明したいと思います。

3 認定こども園とは

認定こども園とは、教育・保育を一体的に行う施設で、幼稚園と保育所の両方のよさをあわせもつ施設です。「就学前の子どもに幼児教育・保育を提供する機能」と「地域における子育て支援を行う機能」の二つの機能を備え、都道府県が条例で定める認定基準を満たす施設は、「認定こども園」として認定を受けることができます。

認定こども園は、保育所と異なり、保護者の就労の有無に関係なく入所できる施設なので、保護者の状況などに合わせて子どもが園で過ごす時間は様々です。例えば、母親は専業主婦で、認定こども園を今までの「幼稚園」として利用する場合は、九時頃に登園し一三時頃に降園という時間帯で過ごします。

一方、両親が共働きの子どもで、認定こども園を今までの「保育所」として利用する場合には、保護者の仕事の開始時刻に間に合う朝七時台には登園し、仕事の終了時刻である午後六時近くまで園で過ごします。このような子どもたちは「幼稚園利用者・保育園利用者」「幼稚園部・保育園部」「短時間利用児・長時間利用児」など園によって呼称は様々ですが、利用状況によって区別され、同じ園で異なる保育利用時間の子どもたちが生活できるようになっています。

認定こども園自体は二〇〇六年から始まった制度ですが、管轄や財政面の複雑さから設置数があまり伸びませんでした。しかし二〇一五年「子ども・子育て支援新制度」の施行によって、利用者と設置・運営者両方にとってより利用しやすいよう制度の整備が行われ、今後は幼稚園・保育所と並ぶ保育施設として数を増やしていくと考えられています。比較的新しい制度なので、みなさんにとっても馴染みのない部分が多々あるかと思います。もちろん、これから授業では詳しく学んでいきますが、そのほかにも新聞やニュースなどから情報を集めたり、自分が住む市町村の状況に興味をもつようにして、将来の就職先の一つとして考えられるようにしていきましょう。

4 保育所・幼稚園・認定こども園の一日

次に、保育所・幼稚園・認定こども園では実際にどのような生活が営まれているのか、説明していきます。

表2－2から表2－4に示したのは、一般的な保育所・幼稚園・認定こども園の三歳児クラス各々における生活の流れの一例です。園によって多少の違いはありますが、みなさん自身の経験と重ね合わせながら、保育所・幼稚園・認定こども園の生活の流れをイメージしてみてください。

表２−２　保育所における１日の生活の流れ（例）

7：30	順次登所	•保護者の仕事等の時間に応じて、子どもたちが次々と保育所にやってきます。
10：00	朝の会	•みんなそろったところで集まり、挨拶をしてから、歌を歌ったりします。
	好きな遊び	•園庭に出てブランコ、鉄棒、ボールで遊んだり、室内でおままごと、お店屋さんごっこをしたり……。時には、製作やリズム遊びなどみんなで一緒に楽しむ遊びも経験します。
11：30	給食・着替え	•みんなで一緒に給食を食べます。食べ終わると午睡です。パジャマに着替える園もあります。
	午睡	•布団を並べてお昼寝です。
13：00	着替え・おやつ	•パジャマから洋服に着替えて、おやつをいただきます。
16：00	帰りの会	•今日１日を振り返りながら、楽しかった思いを胸に友達同士でさようならをします。会が終わった後は、好きな遊びをしながら保護者のお迎えを待ちます。
16：30	順次降所	•仕事を終えた保護者が、次々と迎えにきます。保育者は伝達事項や子どもの様子を伝えながら、さようならをします。

表２−３　幼稚園における１日の生活の流れ（例）

8：30	登園	•保護者と一緒に登園してきます。バスで登園してくる子どもたちもいます。
9：30	朝の会	•みんなそろったところで集まり、挨拶をしてから、歌を歌ったりします。
10：00	好きな遊び	•保育者が準備した室内、園庭等の環境にかかわりながら好きな遊びに取り組み、その中で様々なことを体験しながら生活に必要なことを学びます。時には、製作やリズム遊びなどみんなで一緒に楽しむ遊びも経験します。
11：30	昼食	•毎日給食またはお弁当の園、週に数回が給食（お弁当）の園など、園によって様々です。 •昼食が終わると、絵本や紙芝居を見たり、ゲームなどみんなで一緒の遊びを楽しんだりします。
13：30	降園	•降園時間になると、保護者が迎えにきて一緒に帰ります。バスで帰る子もいます。 •「預かり保育」がある園では、降園時間後も子どもたちが残り、遊んだりおやつを食べたりしながら保護者の迎えを待ちます。

表2－4　認定こども園における1日の生活の流れ（例）

7：30	順次登園	•保護者の仕事の開始時刻などに合わせて、子どもたちが次々と園にやってきます。クラスの人数がそろうまでは、学級関係なく1つの部屋で過ごす園が多いようです。
9：30	朝の会	•みんなそろったところで学級に分かれて、みんなで挨拶をしたり歌を歌ったりします。
	好きな遊び	•保育者が準備した園内外の環境にかかわりながら好きな遊びに取り組み、その中で様々なことを体験しながら生活に必要なことを学びます。保育者のねらいに沿って、製作やリズム遊びなどみんなで一緒に楽しむ遊びも経験します。
11：30	昼食	•みんなで一緒に給食を食べます。全員が給食の園、弁当持参の子どもがいる園など、昼食の状況は園や子どもによって異なる場合もあります。
12：30		•昼食が終わると、降園する子どもと午睡をする子どもに分かれます。 •園によっては、ここから別々に部屋を分けるところもあります。
13：00		•降園する子どもは帰りの支度をし、午睡をする子どもはパジャマに着替えたりして午睡の準備をします。
	降園／午睡	•幼稚園利用児は保護者が迎えにきて降園、保育所利用児は午睡をします。
	着替え・おやつ	•パジャマから洋服に着替えて、おやつをいただきます。
	帰りの会	•今日1日を振り返りながら、楽しかった思いを胸に友達同士でさようならをします。会が終わった後は、好きな遊びをしながら保護者の迎えを待ちます。
16：30	順次降園	•仕事を終えた保護者が、次々と迎えにきます。保育者は伝達事項や子どもの様子を伝えながら、さようならをします。

（1）登所・登園

登所・登園の方法は、保護者に連れられてくる子やバスに乗ってくる子など、園や家庭によって様々です。認定こども園の場合、保護者の仕事の有無によって登園時間が大幅に異なるので、同じ学級の友達がそろうまでは他学年の子どもたちと一緒に過ごしながら待つケースもあるようです。子どもたちは、「せんせい、まっててくれるかな？」「きょうは○○ちゃんといっしょにあそぼう」と、これから始まる一日に期待を膨らませながら、園にやってきます。

（2）好きな遊び

登所・登園して挨拶や身支度を整えると、子どもたちは、自由な環境の中でそれぞれ思い思いに好きな遊びを楽しみます。砂場、おままごと、戦いごっこ、遊具遊び、お店屋さんやレストラン、お姫様ごっこなど、子どもたちが想像したり工夫したりしながら展開していく遊びや活動には、これから生きていくために必要な力を身につける機会がたくさん含まれていると考えられています。

例えば、友達と楽しく遊ぶという場面を考えてみましょう。遊びを進めていくためには、お互いの考えや思いを表現するために言葉を用います。自分の意見を主張するだけでなく、相手の話を聞くことも必要ですし、意見が違えば、我慢したり話し合いをしたりしながら解決しなければなりません。

年齢が上がると、大勢で一つの遊びを楽しむこともできるようになってきます。製作、リズム・歌遊び、鬼ごっこ、ゲームなど、みんなで一つの遊びを経験する中で、いろいろな友達とかかわることやルールを守ることなど、集団生活の基礎を学んでいきます。これは、普段の一人遊びでは経験できないことです。また、鬼ごっこのような遊びでは、追いかけたり逃げたり身をかわしたりといった身体の動かし方も経験します。時には、意見が衝突してケンカになり、お互いに嫌な気持ちになることもあるかもしれません。そんな時にこそ自分の気持ちをコントロールしたり、相手の気持ちに気づいたりすることができるのでしょうし、仲直りすれば、友達がいることの安心感や友達と一緒にいる心地よさも味わっていきます。

このように、遊びの中で生きるために必要な力を身につけていく子どもたちを、時には先頭に立ち、時には陰で支えていくのが、保育者の大事な役割の一つです。

(3) 昼食

たくさん遊んだ後は、昼食の時間です。お弁当の園や給食の園がありますが、多くの保育所・認定こども園では給食が提供されています。また、給食でも回数や内容は園によって様々です。家庭の温かさが味わえるお弁当、友達と同じものを食べることで連帯感が感じられる給食のどちらも、この時期の子どもたちにとっては、栄養摂取ということ以外にもそれぞれのよさがあります。

一つのテーブルを囲みながらの昼食では、お弁当に入っている食べ物の話、昨日見たテレビの話、家族の話、休日に出かけたテーマパークの話などに花が咲きます。子どもたちの話題は、尽きることがありません。友達や先生と一緒であれば、家では食べられない野菜も、あっという間に平らげてしまうということも、よくある話です。

（4）お昼寝（午睡）

子どもたちにとって、午睡は、成長のために十分な睡眠時間を確保する大切な時間です。園で過ごす時間が長い保育所では、お昼寝（午睡）の時間があります。認定こども園の保育所利用児も園で過ごす時間が長いので、午睡をするところが多いようです。たっぷり遊んだ後にみんなで布団を並べてすやすやと眠る寝顔は、何とも言えずかわいいものがあります。午睡の間に、保育者は交代で食事・休憩をとり、連絡帳の記入、教材の作成なども行います。年長児になると、小学校に入学してからの昼寝のない生活に慣れるために、午睡をしない園も数多くあります。

一方、保育所に比べて保育時間の短い幼稚園では、午睡はせずに降園するところがほとんどです。

(5) お話タイム

保育所・幼稚園・認定こども園では、生活の中の様々な場面で絵本や紙芝居などの読み聞かせの機会があります。乳幼児期は、言語力や想像力が格段に発達する時期で、子どもたちは多種多様なお話に触れながら、想像力を膨らませ、言葉や表現方法を豊かにしていきます。

みなさんも小さい頃に保育所や幼稚園で読んでもらった絵本・紙芝居で、今でも覚えているお話がいくつかあるのではないでしょうか。温かい思い出と共に、一生心に残るようなお話に出会うチャンスを与えることができるのも、保育者の大きな役割の一つと言えるのかもしれません。

(6) 降所・降園

子どもたちが帰る時間です。幼稚園では「さようなら」をして一斉に降園する場合が多いのですが、保育所・認定こども園では仕事が終わった保護者が次々と迎えにくるので、帰る時間は一定ではありません。一人一人の保護者に、その日一日の子どもの様子を話しながら、翌日も元気よく登所・登園できるように願いつつ、親子を見送ります。

5 保育士資格と幼稚園教諭免許状の取得

(1) 資格・免許

言うまでもなく、保育士になるためには保育士資格、幼稚園教諭になるためには幼稚園教諭免許状が必要です。また、認定こども園で働くためには、両方の資格・免許を保持していることが求められる場合がほとんどです。

まず、保育士資格を取得するには二つの方法があります。一つは、みなさんのように、保育士養成施設・学校(大学・短大・専門学校)に入学し、所定の単位を取得して卒業する方法です。もう一つは、一年に一回実施される保育士資格試験[*3]に合格することにより、資格を取得する方法です。どちらの方法でも取得できる資格は同じであり、保育所をはじめとする児童福祉法に定められている児童福祉施設[*4]で働くことができます。

一方、幼稚園教諭免許状は、大学院を修了して取得する専修免許状、四年制大学を修了して取得する一種免許状、短大を修了して取得する二種免許状の三種類があります。どの免許状を取得していても、実際に幼稚園で担当する仕事の内容にはあまり差が見られませんが、給与面では若干の差が出るようです。短大卒業後に大学で必要な単位を取得すれば、二種免許状を一種免許状に書き換えることも可能です。保育士資格と異なるのは、保育士や小学校教諭としての実務経験がない場合、養成課程のある学校に通う以外、免許を取得することができない点です。

(2) 保育実習と幼稚園教育実習

保育士資格、幼稚園教諭免許状を取得するためには、それぞれ厚生労働省、文部科学省が定める所定の科目を履修し、単位を取得することとあわせて、保育現場で実習を行うことが必須となっています。幼稚園教諭免許状を取得するための実習先は幼稚園のみですが、保育士資格を取得するための実習は、保育所のほかに、保育所以外の児童福祉施設でも行わなければならないことになっています。

実習では、実際に子どもたちと一緒に遊び、生活しながら、保育士・幼稚園教諭としてのかかわり方を学びます。相手は生身の人間ですから、思うようにいかなかったり、子どもの思いもよらない行動に困ったり悩んだりすることも珍しくありません。試行錯誤しながらも子どもたちの気持ちに寄り添い、自分なりのかかわり方を見出し、子どものかわいさや興味深さに触れていくことが非常に大切です。そのような経験を通して、保育士・幼稚園教諭になることへの希望と自覚を膨らませていくことこそが、実習だと考えます。

6 保育者になるために心がけてほしいこと

保育者は、決められた席についている子どもたちに向かって、黒板や教材を用いて指導するというよりも、子どもたちと生活を共にしながら、生きるために必要なことを、必要に応じて子どもたちに知らせていく存在であると言ってよいでしょう。保育者そのものが環境であり、子どもたちのモデルなのです。

例えば子どもたちは、先生の話す言葉を聞きながら言葉を習得していきます。先生の髪型や服装を見ながら、身だしなみや服装の整え方を覚えていきます。先生同士のかかわり方や子どもたちへの接し方を見ながら、人とのかかわり方を学んでいきます。

このように、心も身体もやわらかな子どもたちは、先生の姿を見ながら、生きていくために必要な力を身につけていくのですから、先生になろうとする人には、「果たして自分は、子どもたちのモデルになれるだろうか」と、常に考えながら進んでほしいのです。そうすることによって自分自身が磨かれ、子どもたちが「憧れる」存在になるのかもしれないのです。

ここでは、特に短大での二年間の生活において、是非とも心がけていただきたいことをあげておこうと思います。

(1) 生活の仕方を見直そう

みなさんは洋服のボタンがとれた時、自分でつけることができますか。食事の時、正しい姿勢で好き嫌いなく食べられているでしょうか。洗濯、掃除、ごみの分別、食事の調理や配膳など家の手伝いはしていますか。

これらは一見、保育とは関係のないことのように感じられるかもしれませんが、実は保育の仕事に就こうとする人にとっては、とても大切で必要なことなのです。なぜなら、既に述べたとおり、先生は子どもたちのモデルだからです。先生の話を聞きながら言葉を覚え、話し方を身につけていきます。先生の箸のもち方を見ながら、箸の使い方を覚えていきます。何でも美味しそうに食べる先生を見たら、嫌いなものでも食べてみようと思うかもしれません。このことを考えれば、自分が子どもたちのモデルとしてふさわしい行動をしているかが気になるはずです。先生の姿を通して子どもたちは生活の仕方を学んでいくと言っても過言ではありません。常に見られていることを意識しながら、自分自身をも高めていきたいものです。

(2) 体力をつけよう

毎日子どもたちと一緒に遊び、生活する保育の仕事は、相当な体力を必要とされます。赤ちゃんの抱っこやおんぶ、子どもたちと一緒に走り回る運動遊び、掃除をはじめとする環境整備など、勤務時間中はほとんど身体を動かし続けているようなものだからです。また、夏には炎天下での水遊び、冬には雪遊びなど、冷暖房のない環境で、季節を肌で感じながらの生活が主体になりますから、必要とされる体力は学生時代とは桁違いです。また、子どもたちは風邪や病気にもよくかかりますので、感染を防ぐためにも、体力をつけておくことは大切なのです。

(3) 言葉を見直そう

文化庁の行った「国語に関する世論調査」の結果によれば、いわゆる「ら抜き言葉」を正しい言葉だと思って使用する人が、一〇代を中心に年々増加傾向にある実態が明らかになっています。[4)]「ら抜き言葉」とは、「この野菜、食べれる?」(正しくは、食べられる)、

「今日はゆっくり寝れる」(寝られる)、「この場所に車は停めれる?」(停められる)というように、本来「ら」が入って正しい表現になるべきところを、「ら」を入れずに使用する言葉のことで、日本人(特に若者)の言葉の乱れ、もしくは、日本語が時代と共に変化する一例として取り上げられるものです。

この「ら抜き言葉」に限らず、近年、若者の言語力・コミュニケーション力が乏しくなっているという指摘が増えてきています。語彙が乏しい、言いたいことを伝えられない、敬語が使えないなど、短大で多くの学生に接していると、実感せざるを得ない事態に遭遇することが珍しくありません。一例を紹介しましょう。

例1　レポートを提出するために研究室にやってきた学生。

〝コンコン〟(ノックの後にドアが開く)

学生「先生、これ」(ほかに何も言わずに、レポートを差し出す)

例2　授業中に数種類のプリントを配付した際、足りないプリントを受け取りに来た学生。

学生「足りません」

木村「何が足りないの?」

学生「プリント」

木村「どのプリントが足りないの？」
学生「えっと……、なんか写真が載ってるやつ」

確かに、自分の伝えたいことを相手にわかるように伝えることは、簡単そうで実はなかなか難しいことです。しかし、保育はコミュニケーションを重要視する仕事です。保育所や幼稚園に通う子どもに対してはもちろんのこと、保護者や同僚、地域の人々、園に出入りする業者など、様々な人ときちんとコミュニケーションがとれないと困るのです。

そのためには学生のうちから、コミュニケーション力、特に言葉を使う力を磨いておいてほしいと思います。伝えたいことを相手にわかるように伝えるという当たり前のことが、しっかりとできるようになる必要があるのです。

言葉というのは、話し言葉だけではありません。保育現場では、毎日の連絡帳、園だより・クラスだよりなどの通信文書、日常の記録など、書く機会も非常に多くあります。書類として記録に残るものが誤字脱字だらけ、あるいは判読不能な汚い文字やクセ字では、仕事にも支障が出てしまいます。

さらに付け加えるならば、正しく美しい日本語を、文化として次の世代に伝えていくことも、保育者の大事な役目なのです。

（4）子どもに触れる機会を積極的にもとう

私が勤務する短大の幼児教育保育学科に在籍する学生に対して、日常的に乳幼児とかかわる機会があるかどうかを調査したところ、九割以上の学生は「ない」と回答しています。[5]また、調査対象となった学生のほぼ全員が、「どうやって遊んだらよいかわからない」「泣かれたらどうしようと心配」など、乳幼児とのかかわりに不安を抱いていることがわかりました。

少子化時代に育ったみなさんなので、子どもにかかわる経験が少ないのは当然のことですし、仕方のないことですが、これから卒業までの間には、積極的に子どもたちとかかわる機会を得てほしいと思うのです。それは、子どもの発達を理解し、一人一人の子どもに合ったかかわり方ができるようになるには、本や教科書を読むだけでは足りないからです。

幸いにも短大には、保育所や幼稚園などから、保育ボランティアやアルバイトの募集案内が届くことがあります。このような活動に携われば、保育の現場に足を踏み入れ、子どもとかかわる機会を得ることができます。また、園の雰囲気を感じたり、現場の保育者から話を聞いたりすることもできるので、みなさんの将来の仕事に関する理解をより深めることも期待できますし、就職にもつながるかもしれません。

しかし、そうした機会に恵まれなくとも、意識さえすれば、みなさんの普段の生活の中で子どもの様子を観察する機会は見つかるものです。電車やバスの中で、あるいは公園やお店などで、親子連れと一緒になることがあるでしょう。そういう時に、子どもの動きや遊び方、表情、親のかかわり方、子どもの反応、会話の内容などに注意してみてください（もちろん失礼にならないように十分気をつけなければなりませんが……）。みなさんの保育に対する目が、きっと豊かになると思います。

保育士・幼稚園教諭は、保護者や周囲のおとなの愛情を受けながら、大切に、大切に育てられた子どもをあずかる、素晴らしくやりがいのある、そして責任の重い仕事です。その重さを十分に自覚しながら、たくさんの子どもたちから慕われる魅力的な「せんせい」をめざしてほしいと思います。

さあ、一緒に学んでいきましょう。

【注】

＊1　二〇一五年四月からは、幼保連携型認定こども園の保育従事者は保育教諭という名称になったが、免許・資格としては従来の保育士・幼稚園教諭免許状を併有していることが条件であるため、本稿では基本的には保育士・幼稚園教諭と表記することにした。

＊2　一般的に「保育園」「保育所」という二種類の呼び方がされているが、法令上、「保育所」が使用されているので、本書でも「保育所」に統一した。

＊3　二〇一五年度からは一部の自治体に限り、年二回試験を実施している。

＊4　児童福祉法に定められている児童福祉施設とは、保育所のほかに、幼保連携型認定こども園、助産施設、乳児院、母子生活支援施設、児童厚生施設、児童養護施設、障害児入所施設、児童発達支援センター、児童心理治療施設、児童自立支援施設、児童家庭支援センターである。

【参考文献】

1)　ベネッセ「第1回子ども生活実態基本調査報告書」２００５年
http://berd.benesse.jp/shotouchutou/research/detail1.php?id=3192

2)　ベネッセ「第2回子ども生活実態基本調査報告書」２０１０年
http://berd.benesse.jp/shotouchutou/research/detail1.php?id=3333

3)　NPO法人日本ファイナンシャルプランナーズ協会「将来なりたい職業」調査結果報告
https://www.jafp.or.jp/personal_finance/yume/syokugyo/

4)　文化庁「平成22年度『国語に関する世論調査』の結果について」２０１１年
http://www.bunka.go.jp/tokei_hakusho_shuppan/tokeichosa/kokugo_yoronchosa/pdf/h22_chosa_kekka.pdf

5)　木村由希「『乳児保育』の授業実践に関する考察—履修学生の意識調査から—」常磐短期大学研究紀要第36号　２００７年　１２１-１２８頁

第3章

なぜ保育者は心理学を学ぶのか？

大内晶子

3歳未満児の運動遊び

1　心理学とは？

心理学は、多くの人にとって、大学に入学して初めて学ぶ学問でしょう。入学したばかりの学生とお話をすると、「心理学を勉強するのを楽しみにしていました」と言う人が多くいます。その言葉を聞くたびに、嬉しいと感じつつも、「心理学にどんな期待をしているのだろう」と少し不安な気持ちにさせられます。なぜなら、多くの学生が入学前に期待している「心理学」と実際に授業で学ぶ「心理学」とは、たいてい違うものだからです。「心理学」という言葉からしばしば連想されるのが、雑誌などに載っている「心理テスト」「心理ゲーム」と呼ばれるものです。これらの多くは、心理学が認める科学的な手続きを経て作成されていないものがほとんどであるため、心理学の授業の内容には含まれません。もう一つ、誤解されやすいことは、心理学を勉強すると、人の気持ちがわかるようになるのではないかということです。しかし、答えはノーです。もしも、人の気持ちが手にとるようにわかるようになれば、友人関係や恋愛で悩むことも少なくなるかもしれませんが、心理学はそのような魔法の学問ではありません。

それでは、心理学を学んで得られることは何でしょうか。私は、「人間の心について考えるヒント」が得られると考えています。

みなさんは今まで、家族、友人、その他の様々な人とかかわる中で、「この人は何を考えているのだろう」「どうしてそんな態度をとるのだろう」と考えたり悩んだりした経験があると思います。そしてこれから先、保育者や親として子どもとかかわっても同じように悩むことがあるでしょう。企業に就職したとしても、「この商品をたくさん買ってもらうためにはどうすればいいのか」「後輩にどう指導すればわかってもらえるのか」などと考えなくてはならない場面があるはずです。私たちは、人とかかわっていく以上、常に様々なかたちで、人の心について考えていかざるを得ません。ところが、人間の心は決して手にとって見ることができないので、考えてもよくわからないことがしばしばです。本人に聞けば解決するかというと、聞いても正直に教えてくれるとは限りませんし、本人ですら、「なぜこんな気持ちになるのか、自分でもわからない……」などということもあります。

そんな「わかりにくい心」を、推理小説の「難しい謎」に例えて考えてみましょう。推理小説の謎を解く時、ただ考えていてもその答えにたどり着くことは難しいので、あちこち探して手がかりを見つけますね。私たちが人の気持ち（心）について考える時も、それまでその人に起こった出来事、その人の言動や表情、まわりの様子などを思い出そうとします。ただやみくもに手がかりを探し回っても時間がかかってしまいますが、名探偵は、どの辺を探せばいいのか、どんな人に聞けばいいのか、どんな人が怪しいのかということが今までの経験からわかっていますので、効率よく情報を集めて、短時間で解決へとたどり着くことができます。さらに、解決へのヒントがたくさんあればあるほど、正しい答えに近づくことでしょう。推理小説の事件というものは、時間をかけずにいかに早く解決を導き出すかということが重要です。そうでないと、犯人が逃げてしまったり、手がかりが消えてしまったりする可能性があるからです。

人の心も同じです。あなたが保育者だとしましょう。担任しているクラスの子どもが目の前で泣いています。なぜ泣いているのかを早く理解して適切な援助をする必要がありますね。そんな時、心理学を学んで得た知識は、保育者であるあなたに、泣いている子どもの何に注目すればいいのか、どういう理由で泣いている可能性があるのか、どのようにかかわることが適切なのかについて、考えるためのヒントを与えてくれるはずです。これが、最初に述べた「心について考えるヒント」ということです。心理学を勉強しなくても、それまでの経験だけで子どもの気持ちを理解することもできるかもしれませんが、より「短時間」で「正確」に理解するためには、心理学が有効なヒントになり得ると考えます。

もちろん、心理学はとてもおもしろい学問ですし、たとえ授業を受ける前に想像していた内容とは違っていても、「授業を受けるのが楽しい！」と多くの学生さんに感じてもらえるのではないかと思っています。心理学は、人の心が関係するものはすべてその研究対象になるため、たくさんの分野に分かれています。その中から、保育者になるためには、「発達心理学」[*1]「臨床心理学」「カウンセリング」[*2]「教育心理学」という四種類の心理学を学ぶ必要があります。次節からは、教育心理学を除く三つの授業について順に取り上げ、これらの授業で何を学ぶのか、それがどのように保育に役立つのか、授業を受けるにあたってどのようなことを心がけるべきなのかについてお話します。

2　発達心理学で学ぶこと

発達心理学は、母親のお腹の中に命が宿り誕生してから死ぬまでの間に、人の心や行動がどのように変化していくのか、どのような原因で変化するのか、それらは個人や家族の違い、文化の違いなどによって、どのように異なるのかを明らかにする学問です。ここで注意してほしいことは、発達と言うと、幼い子どもが成長しておとなになることを指すように思われがちですが、発達心理学は、老いて死ぬまでに起こる変化も発達としてとらえているということです。ただし、保育者の養成課程の限られた授業時間内では、すべての発達を勉強することはできません。みなさんが発達心理学の授業で学ぶのは、お腹の中に命が宿ってから（この時期を胎生期と言います）、生まれて小学校に入るまでの時期（この時期を乳幼児期と言います）が中心になるでしょう。

（1）心と身体のかかわり

胎生期および乳幼児期の発達心理学を学ぶうえで、子どもの身体能力がいつ頃どのくらい発達するのかを理解することは、非常に重要な課題になります。なぜなら、私たちの心が動く時、必ず身体も反応しているからです。

例えば、暑い夏が終わって、私がふと「秋だなぁ」と感じる（心が動く）瞬間を次にあげてみました。みなさんはどのような時に最も秋を感じるでしょうか。

①半袖の服では寒いと感じた時

②歩いていたらキンモクセイの香りがした時

③夕方、コオロギやスズムシの鳴き声が聞こえた時

④スーパーに並ぶサンマやマツタケを食べたいなぁと思った時

①から④は、いずれも身体のどこかの器官が働くことにより秋を連想させる何かを感じとっており、その情報が脳に送られたために、私たちは「秋だなぁ」と思うのです。

では、この①から④においては、それぞれ身体のどの器官が働いているのかわかります

か。

①は、皮膚感覚が空気の冷たさを感じとっています。
②は、鼻（嗅覚）が花の匂いを感じとっています。
③は、耳（聴覚）が虫の鳴き声を感じとっています。
④は、目（視覚）がサンマやマツタケの存在をとらえ、以前に舌（味覚）で美味しいと感じた味を思い出しています。

つまり、この四つの例では、いずれも、過去にこれらを感じた時に秋であることを認識し、記憶したからこそ、その後、同じ経験をした時にも「秋だなぁ」と感じるわけです。

このように、見る、聞く、嗅ぐ、触る、味わうといった身体の感覚（これらを「知覚」と呼びます）が心に影響を与えていることはわかっていただけたと思います。すなわち、身体の感覚が発達するということは、それだけ心が様々なことを感じとれるようになっている証拠でもあるのです。

それとは逆に、心が何かを感じた結果、それが身体に影響を与えることもあります。以下にその例をあげてみましょう。

学校で嫌なことがあって、「学校へ行きたくない」という子どもたちの中には、朝、腹痛を訴える者がいます。ところが、実際学校を休むと痛みがなくなったり、病院へ行っても異常がなかったりするので、親は、学校へ行きたくないからその口実として嘘をついているのだろうと決めつけがちです。しかし、子どもたちは嘘をついているわけではありません。私たちは強いストレスを感じると、本当に頭やお腹が痛くなったり、気分が悪くなったりすることがあるのです。また、虐待のような非常に強いストレスを長期間経験すると、一時的な身体の不調だけでなく、脳が委縮してしまうといった身体の変化が生じることもわかっています。

このように、心と身体は密接に結びついています。そのため、身体がどのように発達するのかを知ることは、心について考えるうえで欠かせないのです。特に乳幼児期というのは、心と身体の発達が著しいため、その変化が互いに強く影響を与え合うことになります。

(2) 子どもの発達におとなが与える影響

先ほど少し述べたように、親から虐待を受けた子どもは、心身の発達に様々な悪影響を受けます。逆に、適切な方法で愛情をたっぷり受けて育った子どもは、よい方向に発達が進んでいきます。このように子どもの発達においては、その親や家族、保育者など、子どもを取り巻くおとなからの影響は大きいものなのです。それゆえ、おとなが子どもにどのようにかかわることが子どもの発達にとって望ましいのかを考えることが、発達心理学を学ぶうえでは非常に重要です。

ここで、心理学の実験を一つ紹介しましょう。ハーロー（Harlow, 1958）という心理学者は、生まれたばかりのアカゲザルを母親から離して飼育箱の中に入れて育てました。飼育箱の中には、身体が針金でできていて、吸うとミルクを飲める人形と、身体が布でできたふわふわの人形（ミルクは出ない）の二体が置かれていました。すると、赤ちゃんザルはミルクがほしい時だけ針金の人形のところへ行き、それ以外の時は、ほとんどの時間を布の人形のところで過ごしたのです。[1)]

この実験からわかることは、生きていくために栄養を摂取することは重要ですが、赤ちゃんは、栄養を与えてくれる存在よりも、暖かくやわらかな接触を求めるのだということです。サルだけでなく、人間の赤ちゃんも同様です。赤ちゃんは栄養を与えるだけでは健康に育ちません。親とのたくさんのスキンシップを経験することが、心身の健全な発達には不可欠なのです。

子どもの望ましい発達に必要なおとなからのかかわりについては、これ以外にも様々なことを発達心理学の授業で学ぶことができます。親として、保育者として、子どもとどのようにかかわるべきかについて、是非とも理解を深めてください。

（3）保育に発達心理学が役立つ時

ここまでは、発達心理学の授業で学ぶことについて説明してきましたが、それを踏まえて、発達心理学で学んだ知識を、保育の現場でどのように役立てることができるのかについて考えてみることにしましょう。

①発達の道筋を知り、保育の計画に生かすことができる

発達心理学では、何歳頃にどのようなことができるようになるのかということを学ぶことができます。乳幼児期というのは、心身の発達が非常に著しいので、年齢が一歳違うと、できることも大きく異なります。そのため、運動遊びにしても、製作にしても、年齢によって内容にかなりの違いが出ます。

言うまでもなく、保育の計画を立てる際には、今、子どもたちができることを把握したうえで、次にどのようなことをできるようにすべきか、そのためにどのような活動を組み込むことが必要なのかについて考えることが求められます。発達の順序を知っていることが、その際にも役に立つことは間違いありません。

②一人一人の子どもの発達に応じた保育ができる

保育の現場では、同年齢の子どもたちを集めて、集団で保育や教育を行うことが多くありますが、そうした同年齢の集団の中にあっても、実は一人一人の発達の差が大きく存在します。

例えば、同じ一歳〇ヵ月の子どもであっても、ヨチヨチと一人で歩ける子どももいれば、まだハイハイしかできない子どももいます。同じ三歳児クラスの子どもであっても、ひもを結べる子もいれば、結べない子もいます。保育所でも幼稚園でも、同じクラスにいれば基本的に同じ活動をしますが、うまくできる子とできない子が出てきてしまうのは、ある程度避けられないのです。しかし、そういう状況においても一人一人の発達を理解し、各々の発達のレベルに応じたかかわり方を工夫することによって、最終的に全員が達成感を得られるようにすることが、保育者には求められます。

みなさんには発達心理学を学ぶ中で、一人一人の子どもに応じた保育や幼児教育のあり方についても、考えていただきたいと思います。

3　臨床心理学とカウンセリングで学ぶこと

次に、臨床心理学とカウンセリングの授業で学ぶことについてお話ししましょう。発達心理学は、人間はどのように発達するのかについて一般的な法則を学ぶ学問ですが、臨床心理学とカウンセリングは、発達心理学で得られた法則や知識を、実際に一人一人に生じた問題の解決に役立てる能力を身につけるための学問です。これらの授業では、みなさんが子どもたちや保護者の方々を支援できるようになることを目標に、次のことについて学んでいきます。

(1) 保育の現場で出会う様々な問題

保育の現場で直面する可能性のある問題や、その対処法に関する知識を学びます。保育の現場で出会う問題は、子ども自身の問題と保護者側の問題の二つに大きく分けることができます。

まず、子ども自身の問題の一つに、年齢に応じた基本的生活習慣が身についていないことがあげられます。基本的生活習慣とは、睡眠、排泄、食事、着脱、清潔といった人間らしく生活していくうえで身につけるべき習慣のことですが、これらの行為が自分でできるようになることは、幼児期の重要な課題なのです。

もう一つ、子どもの生活の中で問題となるのは、社会性の発達の遅れです。子どもは発達に伴い、状況に合わせて自己を主張したり抑制したりすることができるようになるものですが、この発達が遅れていると、おとなや仲間たちの集団の中で望ましい人間関係を形成することができません。

感情のコントロールがうまくできない子どもも問題です。乳児はどの子どもも泣いてばかりいるように見えますが、生まれつき機嫌が直りやすい子どもと直りにくい子どもがいます。なかなか機嫌の直らない子どもをもつ母親の育児ストレスは相当なものですが、子どもは成長と共に自分で感情をコントロールできるようになっていきます。しかし、いつまでたってもそうしたコントロールが適切にできないと、社会生活を送るうえで問題が生じてしまうのです。

保護者からよく寄せられる相談に、言葉の発達の遅れがあります。しばらく様子を見ていても大丈夫なのか、何か発達上の障がいがあるのかを判断するには、子どもの様々な状況を慎重に見る必要があります。そのうえ、言葉の発達は個人差が大きいので、対応が難しい問題です。

また、幼児期の子どもには、心身にいろいろな問題が現れてくることがあります。チック、爪噛み、指しゃぶり、円形脱毛などがその代表的なものですが、多くの場合、心の感じるストレスなどが要因となっています。このような場合に保育者は、子どものＳＯＳのサインに気づき、適切な対応ができるように、正しい知識をもつことが必要です。

一方、保護者側の問題として真っ先にあげられるのは、育児不安です。「私はきちんと子どもを愛せているのか」「子どもと一緒にいて時々イライラする私は、母親失格なのではないか」「このままで子どもはきちんと育つのか」など、育児に関する不安は実に多種多様です。「これでいいのか」という気持ちは、母親なら誰しも少なからず抱くものですが、それを誰にも相談することができずにいると、不安ばかりが大きくなり、極端な場合には、育児そのものが苦痛になってしまう危険性さえあります。保護者というものは、このような不安を抱えやすい存在であることを理解しておきましょう。

みなさんがよくご存知の虐待も、保護者側の問題です。子どもへの虐待には、叩く、殴るなど身体を傷つける身体的虐待、世話を放棄してしまうネグレクト、暴言を吐くなどの行為により心を傷つける心理的虐待、性的暴力を加える性的虐待があります。[2)] 難しいのは、虐待をする保護者にもそれぞれ理由があり、その理由もまた多種多様であることです。また、虐待をしている保護者が、必ずしもそれを自覚しているわけではなく、子どもを死に至らしめるような悲惨な結果を生むことさえあります。難しいことではありますが、虐待されている子どもになるべく早く気づき、問題が大きくなる前に、適切な方法で救いの手を差し伸べることが、保育者には求められます。

ところで、実際にこれらの問題について考える際には、「子ども」と「保護者」に加えて、「その他の環境」という三つ目の視点をもつことが必要になります。例えば、子どもに年齢相応の基本的生活習慣が身についていない場合、「ほかの子と同じようにできないから問題である」というような単純なとらえ方は、これら三つの視点を生かしているとは言い難いのです。では、どうすればよいのでしょうか。

一つ目の「子ども」の視点に立って考えた時には、自分のことを自分でできないまま成長した子どもが、社会の中で様々な不都合を経験するであろうことが想像できます。一方で、自分のことを自分でできた時に感じる喜びや自分自身に対する自信は経験しにくいであろうという予想も立ちます。また、その子どもには、もしかしたら発達の遅れがあるのではないかということにも、思いが至ることでしょう。

二つ目の「保護者」の視点に立ってこの問題を考えてみると、子どもに基本的生活習慣を身につけさせるために、保護者はどのように対処しているのかということが気になります。子どもをどのようにしつけたらよいのか、その方法がわからず、ひそかに悩んでいるのかもしれません。あるいは、しつけそのものを怠っているのかもしれません。保育者が保護者とのコミュニケーションを大切にしなければならない理由が、ここにあります。

では、三つ目の「その他の環境」という視点から見えてくるのは、どのようなことでしょうか。子どもの家庭環境に目を向けてみれば、自分で自分のことができずにいるのは、新しく弟が誕生して心が不安定になっているからかもしれないと気づくかもしれません。あるいは、幼稚園という新しい環境に、子どもを不安にさせる何らかの原因がないか、もう一度点検してみることも必要になるでしょう。このように、子どもだけを見るのではなく、子どもを取り巻く環境にも目を向けることで、子どもの示す問題の本当の原因を探ることができ、その問題を解決するための、より望ましい支援の方法を見出すこともできるのです。

(2) 保護者とのコミュニケーション

ここまで述べたような様々な問題を抱えた子どもや保護者がいた時、彼らの気持ちに寄り添い、話を聞き、対応するのも保育者の役割です。しかし、子育てに関する相談を受けた時、自分がうまくアドバイスができるのかと、不安に感じている人も多いことでしょう。でも、心配しないでください。もちろん授業では、ロールプレイなどを通して、実践的に上手な話し方、話の聞き方について学ぶことができますが、保育者の対応として最も大事なことは、保護者へのアドバイスをすることよりも、保護者と一緒に考えていくことにあるからです。つまり、問題の背景に何があるのかを様々な視点からとらえ、こうしてはどうか、ああしてはどうかと話し合い、試行錯誤しながら問題解決をめざすのが、保育者の役割と言ってよいのです。

もちろん、保育者としての専門的な知識と経験に基づいて、これは間違っている、この可能性が高いといった判断を下し、なるべく短期間で解決できるように道筋をつくることは、保育者の大切な役目です。保護者と一緒にただ悩んでいるだけでは、相談相手は誰でもよいということになってしまいますからね。

子どもに具体的な問題が見られた時、あるいは保護者から相談をもちかけられた時は、このように対応していけばよいわけですが、特に問題が見られなくとも、保護者の方々に是非伝えてもらいたいことがあります。それは、保育所・幼稚園における子どもの姿です。特に、子どもの成長が感じられた出来事や、家庭で子どもをほめてあげてほしいことなどを、なるべく頻繁に伝える努力をしてほしいのです。

お迎えで顔を合わせた時、あるいは連絡帳を通して、「今日は○○をがんばりました!」ということを言ったり書いたりするだけでもよいでしょう。その一言が、「うちの子は、保育所でどんなふうに生活しているのかしら」「先生はうちの子をきちんと見てくれているのかしら」といった保護者の不安を消してくれると思います。我が子に対する保護者の興味・関心を喚起することにもつながるでしょうし、親子間の「ほめる」というポジティブなかかわりが増えるきっかけにもなるでしょう。

こうした日々のやりとりの中で、家庭での子どもの様子が保護者の側から保育者に伝わり、何か気になることがあった時には、一緒に考えていきましょうという保育者の姿勢が、保護者に伝わるはずです。その積み重ねがあってはじめて、保育の現場における望ましい支援が実現するのだと思います。

(3) 手に負えない問題に出会った時

保育所でも幼稚園でも、クラス担任になると、保護者との一対一のやりとりをする機会も増え、相談ごとへの対応もしなければなりません。問題を抱えた子どもたちと向き合う時間は、休みなく続きます。そのような保育者が、問題を一つずつ自分で解決しようとする気持ちをもつことは、とても大事なことですが、どうすべきかわからない、最善の判断をする自信がないという時には、同じ職場で働く先生方に、悩まず相談しましょう。特に、保護者とのやりとりが不可欠な難しい問題であれば、園長や主任の先生など、責任ある立場の方に相談することをお勧めします。

ある保育所の所長が、保育士に対して伝えた言葉を紹介しましょう。

「保育の中で何か問題が起こった時、その責任は所長である私がとります。なぜなら、それが所長としての私の仕事だからです。ただし、少しでも気になることがあったら、きちんと所長あるいは主任のいずれかに、報告や相談をすること。あなた方は一人で保育をしているわけではないのですから」

この言葉からもわかるように、保育者同士が相談し合い、情報を共有しながら、園全体で子どもたちを支援していくことで、よりよい保育が実現できるのです。相談することを苦手と感じる人もいるかもしれませんが、保育の現場においては、相談することも大事な仕事の一つと考えましょう。

こうした相談を少しでもしやすくするためには、日頃から相談しやすい人間関係をつくっておく必要があります。毎日のコミュニケーションをおろそかにしていて、問題の起きた時だけ話をするということは、とても無理があります。忙しい保育の現場では、保育者同士がゆっくり話をする時間は、なかなかとれないのかもしれませんが、顔を合わせた時に、笑顔で挨拶をすることだけでも心がけてもらいたいと思います。また、先輩の保育者からアドバイスを受けた時には、きちんとそれに耳を傾けましょう。「この人は自分のアドバイスをきちんと聞いてくれる」と思える人に対しては、先輩も応援してくれるはずです。

4 心理学の受講方法

これまで解説してきた三つの心理学を授業で学ぶことの意義や重要性は、すでに理解してもらえたと思いますが、やる気のあるみなさんのより充実した学びのために、心理学の授業を受けるうえで、心がけてもらいたいことを述べておきます。

(1) 子どもとかかわる機会をつくろう

第二章でも述べた通り、乳幼児を知るには、やはりその時期の子どもと触れ合う機会をもつことが一番です。親戚などに乳幼児がいる場合は、比較的簡単に実行することが可能でしょうが、全員にそのようなことは期待できません。解決策としてお勧めできるのは、保育所や幼稚園でのボランティアやアルバイトなどに、一年生のうちから積極的にチャレンジすることです。発達心理学の授業の中でも、子どもが実際動いている様子をＤＶＤで見せる機会を設けてはいますが、自分で実際に子どもとかかわりながら授業で学んだ内容を確認できれば、より深い理解につながります。

私自身も、自分の子どもを出産し、子育てをする中で、子どもの発達に関する理解がより深まるのを実感しています。いずれはみなさんも親として、また保育者として、子どもとかかわるようになるわけですが、授業で学んだ専門知識が鮮明にある学生時代に子どもとかかわる機会をもつことで、その知識はより確実に頭に残りますし、学ぶことも一層楽しくなるはずです。

(2) 自分の子ども時代のことを家族と共に振り返ってみよう

みなさん自身にも必ず、過去に子どもの時期がありました。自分の乳幼児期の記憶の中には、鮮明に残っている部分もいくらかあるかもしれませんが、すっかり忘れてしまったことも多いものです。例えば、発達心理学の授業を受けて、「私の子どもの頃は、どうだったのだろう」と思うことがあるでしょう。そんな時は是非、自分の子どもの頃を知る家族に当時の様子を尋ねてみてください。今まで聞いたことのなかったエピソードなど思いがけない話を聞くことができるかもしれません。そのことによって、自分のことを二〇年近く育ててくれた家族の存在を再確認できることでしょう。そして、いずれ自分も親となり、子どもを育てるということ、どんな親になりたいかということについても、授業で学んだことを踏まえて考えてもらいたいと思います。

(3) メモをとりながら話を聞こう

短大の授業は、先生によって、板書の内容をすべてプリントで配ってくださる場合、板書を学生自身がすべて写す場合など様々です。私の担当する心理学の授業はすべて穴埋め式のプリントを配付しますので、基本的には、そのカッコ内を埋めるだけでノートは完成します。しかし、ただ板書と同じようにノートをとるだけでは十分とは言えません。授業の中で、「おもしろいなあ」「なるほど」と思ったことや重要性が強調されたことについては、プリントやノートの空いているところなどにメモをとるようにしましょう。

メモをとるメリットは二つあります。一つは、後でノートを見返した時に、その時の授業の内容をより具体的に思い出せることです。それにより、テスト勉強も効率よく進められますし、記憶にも残りやすくなります。もう一つは、授業中に眠くなるのを少し防止できることです。ただじっと話を聞いているだけですと、どうしても眠くなってしまうことがあります。しかし、メモをとろうとすると、自ら考える必要があるので脳も働こうとしますし、手を動かすことで、少しは意識がはっきりするでしょう。それでも眠くて仕方ない場合は、教員の授業のやり方や話し方にも問題があるのかもしれません(私は教員としての自分を戒めるためにそう考えるようにしています）。

これまでひたすら板書を写すことしかしてこなかった人は、何をどのようにメモすればよいのかと最初は戸惑うかもしれません。かと言って、教員が言ったことを一言一句もらさずに書きとろうとすると、時間が足りなくなりますので、ある程度の目安をもつことが必要でしょう。私がお勧めするのは、後で見返した時に、何の話だったのかがだいたい思い出せる程度にメモをとることです。それでもよくわからないという人は、まわりの友達にノートを見せてもらいましょう。きっとメモのとり方の上手な人がいるはずですので、参考にしてみてください。

(4) たくさん疑問をもとう

前項のメモのとり方とも関連しますが、授業の中で教員が話したことを、ただ納得しながら聞くのではなく、「なぜ」「どうして」と疑問をもちながら聞くことが、みなさんの保育者としての実力をつけるうえで役に立ちます。

すでに説明したとおり、心理学は人の心について考える学問ですが、みなさんにはそれを学ぶことで、子どもの心と向き合い、考えられる保育者になっていただきたいと思っています。もう少し具体的に言えば、子どもの行動を目にした時、その背景にどのような理由があるのかについて考えられる保育者になっていただきたいのです。

例えば、子どもが友達を叩いてしまった時、「またやった！　あの子は乱暴者だから……」と保育者が表面的にとらえているようでは、子どもは何も変わりません。「どうして叩いてしまったのか」「その時、何が起こっていたのか」ということを考えてあげることが大事なのです。それによって、保育者が子どもにかける言葉が変わります。そして、次に同じことが起こらないようにするためには、子どもに何を教え、何を身につけさせる必要があるのか、保育者にできる配慮は何かということが考えられるようになります。そのような保育者になるための訓練の手始めとして、まずは授業中に学んだことについて「なぜ」「どうして」と考える習慣をつけてもらいたいと思うのです。

今まで自分が経験したことを思い出して、「じゃあ、あの時経験したことも、こういう理由だったのかな？」「こういう場合もこうすればよかったのかな？」などと考えてみることもよいでしょう。心理学で学ぶことの多くは、みなさん自身が経験してきたことであり、これから経験することでもあります。過去の経験と関連づけて授業の内容を理解することは、将来保育者として様々な経験をした時にも生かされるのではないかと考えます。

実際に疑問に感じたこと、自分では答えが見つけられなかったことについては、直接口頭で教員に質問してもよいですし、感想シートに疑問を書いて提出しても結構です。要は、疑問を疑問のままにしておかないことです。もちろん、自分で調べたり考えたりすることで答えを見つけることも価値のあることですが、その場で質問してみるのが得策です。そもそも学生の疑問に対して答えを提供するのは、教員の役割ですので、みなさんの質問に対しては、次の授業の中でできる限り回答するように、私自身は心がけています。それは、質問した人のためだけでなく、授業を受けている学生全員の理解を深めることにつながるからです。ですから、「こんなこと質問していいのかな」と悩む必要はありません。どんどん質問しましょう。

受け身の態勢で授業を受け、テストのための暗記に終始するのでは、勉強は「難しく、つまらないもの」にすぎません。しかし、授業中に説明されたことを自分のことに置き換えてみたり、実際に知識を生かせるような場面を想像したりしながら、自分の頭で考える作業を行うと、次第に知ることの喜びにつながり、勉強は「おもしろく、楽しいもの」になります。同じ九〇分という授業時間を過ごすなら、少しでも楽しい時間を過ごすほうがいいに決まっています。

みなさんがほんの少し自分の意識を変えてみることで、一日の大部分を占める授業の時間を楽しく有意義に過ごせるようになることを願っています。

【注】

＊1　著者が勤務する短大での「発達心理学」という授業は、保育士養成課程カリキュラムの定める「保育の心理学」という科目および教育職員免許法施行規則の定める「教育の基礎理論に関する科目」に該当する。

＊2　著者が勤務する短大での「臨床心理学」「カウンセリング」という授業は、教育職員免許法施行規則の定める「生徒指導、教育相談及び進路指導等に関する科目」に該当する。

【参考文献】

1）Harlow, H. F.(1958) The nature of love, *American Psychologist*, 13, 673-685.

2）柏木惠子・藤永保監修、藤崎眞知代・本郷一夫・金田利子・無藤隆編『育児・保育現場での発達とその支援』ミネルヴァ書房　２００２年

第4章

保育にピアノは必要か?

——保育に求められる音楽の能力とは

鈴木範之

ピアノのレッスン風景

1 あなたはピアノが弾けますか？

「ピアノは苦手です」「楽譜が読めません」「弾き歌いができません」……。

保育士や幼稚園教諭をめざす人の中には、音楽に苦手意識をもっている人が少なくないようです。保育や幼児教育の分野において音楽が必要であることは、誰もが認めることですので、ピアノが弾けないという劣等感は、「将来、保育者としてやっていけるのかな……」という不安につながりやすく、保育士や幼稚園教諭になろうという意欲すら、奪ってしまうこともあります。悩める高校生や短大生、大学生から、「ピアノができなければ、保育所や幼稚園の先生にはなれませんか」といった質問をよく受けますが、私はその質問に対して、いつもこのように問い返します。

「ピアノはもちろん弾けたほうがよいと思うけれど、逆に、ピアノが弾けさえすれば、保育士や幼稚園の先生になれるのかな？」

この問いかけをするのには、理由があります。

以前、幼い頃からピアノを学び、モーツァルトやベートーヴェンなど難しい曲をスラスラと弾ける学生がいました。その学生は音楽大学に進学するか、保育系の大学に進学するか迷った末、保育系の大学に進学したのですが、実習先で子どもたちを前にした時、「一人で弾くのとは全然違って、うまく子どもたちを乗せられなかった」と、実習後に感想を述べていたのが印象的でした。

その一方で、保育系の大学を受験するために、高校三年生の夏頃からピアノを習い始めた学生がいました。何とか入学はできたものの、楽譜はほとんど読めず、ピアノが本当に苦手そうでした。しかし、努力家で、人一倍明るく前向きな性格の持ち主だったこの学生は、実習先で拙《つたな》いながらもピアノを弾き、子どもたちと一緒に、生き生きとした表情で歌を歌うことができたのです。

この二人の学生の例が示すように、ピアノを演奏する力と保育で音楽活動を営む力との間には、何らかの違いがあるように思えるのです。ですから、ピアノが弾けないからといって、保育士や幼稚園教諭になる夢をあきらめてしまうというのは、非常にもったいないことだと思います。

実のところ、ピアノが弾けるというのは、音楽の能力のほんの一部に過ぎません。第三節で詳しく紹介しますが、保育現場で行われている音楽活動の中で、ピアノを使用する活動というのは、ごく限られています。ですから、ピアノが苦手という人でもポイントを押さえて勉強していけば、二年間という短い期間でも十分に間に合います。

本章では、保育士や幼稚園教諭をめざす人はピアノをどの程度弾けることが望ましいのか、また、実際の保育現場ではどのような音楽活動が行われているのかということをお話します。そして、保育に求められる音楽の能力とは何かということについて、一緒に考えてみましょう。

2　採用試験における音楽実技の内容

まず、保育士や幼稚園教諭をめざす人に必要とされるピアノのレベルとはどの程度なのかを知るために、採用試験における音楽実技の内容を確認してみましょう。

保育士および幼稚園教諭採用試験の音楽実技には、公立では自治体ごとに、私立では各園によって課題が異なります。最も多い課題が弾き歌い、次に自由曲演奏、そして「バイエル」です。初見視唱・初見視奏、部分実習が含まれるところもあります。採用試験に音楽実技を課していない私立保育園・幼稚園もまれにありますが、あるという前提で準備しておいたほうがよいでしょう。以下に、それぞれの課題の内容を説明します。

（1）弾き歌い

弾き歌いは、あらかじめ指定された子どもの歌の課題曲や自由曲をピアノで弾き歌いするのが一般的ですが、ギターやアコーディオンなど、ピアノ以外の楽器も可とする場合があります。楽譜は、試験要項に添付された楽譜、指定の楽譜、受験者持ち込み楽譜の三つのパターンがあります。楽譜によってアレンジが異なるため、自分の実力に見合った楽譜を選択してください。難しいアレンジを一生懸命練習したのに、歌が歌えないのでは元も子もありません。大きな声で歌えるように、ピアノはできるだけやさしく、響きのよいアレンジの楽譜を選ぶとよいでしょう。

（2）自由曲演奏

自由曲演奏とは、文字どおり、ピアノ曲を自分で選び、演奏するものです。「バイエル」の後半や「ブルグミュラー」「ソナチネ」などの中から選ぶことが多いようですが、選曲に迷ってしまう場合は、ピアノの先生などに相談するのがよいでしょう。

「まっかな秋」や「ぞうさん」など、子どもの歌の中から選ぶ人もいます。子どもの歌の伴奏の中には、旋律を弾かない「両手伴奏」の楽譜もありますが、右手で旋律、左手で伴奏を弾く「片手伴奏」の楽譜を選び、必ず旋律を弾くようにしてください。この場合にも決して背伸びをせず、自分の実力に見合った曲を選ぶことがポイントです。

(3) バイエル

日本では、伝統的にピアノのレベルをはかる教材として「バイエル」が用いられてきたため、現在でも多くの採用試験の課題とされています。出題範囲は、だいたい七〇番台から一〇〇番台です。一方で、最近では多くの音楽の専門家や研究者が「バイエル」の問題点を指摘しています。[1] 簡単にまとめると、以下のような問題点があげられています。

- 曲の構成が単純すぎる。
- 前半は両手ともト音記号の曲が多いので、ヘ音記号の譜読みが苦手になりやすい。
- ハ長調の曲が多いため、♯や♭が苦手になりやすい。
- 右手メロディ、左手和音伴奏の組み合わせによるワンパターンな曲が多い。

以上の点から、「バイエルのような単純な曲のピアノ演奏だけでは、本当の音楽力はわからない」などの理由で、課題から外すべきであるという意見も多いようです。そのようなことから、今後「バイエル」を課題とする試験は減少していくだろうと思われます。

（4）初見視唱・初見視奏

初見視唱・初見視奏とは、試験当日その場で渡された楽譜を見て歌う、ピアノなどで演奏する課題で、最近の採用試験では増えてきているようです。中には、曲のタイトルや作曲者・作詞者などが伏せられており、初見視奏の後、その場でタイトルと作曲者・作詞者を質問されるという試験もあるようですので、園の地域に関係する人物や曲については、あらかじめ調べておくとよいでしょう。例えば茨城県の場合、詩人の野口雨情[*1]は、是非とも押さえておきたいところです。また、園歌を初見視奏の課題としているところもあるようです。

初見視奏は、音楽実技試験の中でも最も差のつきやすい試験であり、採用する側の立場に立てば、即戦力となる人材を探すには、格好の課題とも言えます。初見視奏は、将来必ず役に立つ能力となりますので、トレーニングは早めに取りかかりましょう。毎日五分でも一〇分でもよいので、簡単な楽譜を見ながらピアノを弾く習慣を身につければ、必ず上達します。鍵盤を見ながら弾くのではなく、楽譜を見ながら弾くことがポイントです。是非やってみてください。

（5）部分実習

部分実習での音楽実技試験とは、実際に保育所や幼稚園の子どもたちを相手に実習を行うことにより、保育者としての力を試すものです。例えば、「子どもたちにとって初めての歌を教える」「自分で作成した指導案に基づいて自由に音楽活動を行う」などといった内容です。最も現場に即した音楽能力が問われる総合的な課題と言えるでしょう。

以上のように音楽実技試験の内容を確認してみると、大まかな目標が見えてきませんか。まずはしっかりと目標を定め、そこに近づけるように努力を重ねていくことが大切です。

3 保育現場で行われる音楽活動

保育所や幼稚園で行われる音楽活動と言えば、保育者がピアノを弾くのに合わせて、子どもたちが元気いっぱいに歌っている光景を思い浮かべる方が多いのではないでしょうか。あるいは、音楽に合わせて楽しくダンスをしている光景、または、楽器の演奏や合奏活動を思い浮かべるかもしれません。そのほかにも様々な活動が考えられますが、おそらくそのほとんどは、動的な活動ではないでしょうか。

子どもの音楽的な表現活動は、一般に五つの活動に分類されます。それらは、「きく活動」「うたう活動」「ひく活動」「うごく活動」、そして「つくる活動」です。[2)] それぞれの活動について説明をしましょう。

(1) きく活動

カナダの作曲家マリー・シェーファー（R. Murray Schafer）は、「サウンドスケープ」という活動を考案しました。「サウンドスケープ」というのは、英語の「サウンド(Sound)」と「ランドスケープ（Landscape)」、つまり、「音」と「目に見える風景」を合成させた造語で、「耳に聞こえる音風景」と訳すことができます。どのような活動かと言うと、数分間自ら音を出さずに、聞こえてくる音を紙にリストアップしていきます。

これを読んでいるあなたも、今から一〇秒間だけ、まわりの音に耳を澄ましてみてください。どんな音が聞こえますか？　誰かの話し声、足音、ドアを開け閉めする音、窓の外から聞こえる風の音、車の走る音など、日常生活にはたくさんの音があふれていることに気がつくのではないでしょうか。このように、普段見過ごしがちな日常の音に耳を傾け、「どんな音が聞こえる？」と質問して子どもたちからいろいろな発見を聞き出してみる活動も、立派な音楽活動と言えるのです。

すべての音楽活動は、聴く活動を基礎としたうえで成り立っていますので、聴くという行為は、音楽的な表現活動の中で最も重要な活動と言えます。こうした活動を子どもたちと共にするためにも、まずあなた自身が日常の音に耳を澄ます体験をし、その音に感動できるような心を培っていきましょう。

(2) うたう活動

保育所や幼稚園では、「おはようのうた」や「おかえりのうた」など、園生活の中で決まった歌を歌うこともありますが、興味深いのは、多くの子どもが三歳頃から、普段の生活の中で自発的かつ即興的に歌を歌うことです。歌ったことのある歌の一部を使ったり、好きな旋律を歌いながらつくったり、また歌詞を変えたりしながら、つぶやくように歌っていることがあります。これを「つぶやき歌」[3)]などと呼ぶことがありますが、この「つぶやき歌」を自由に歌っている時は、無理な力がなく自然で、心も身体もリラックスした状態なのです。

それに対して、保育所や幼稚園においてみんなで一斉に歌う場合、声を張り上げて怒鳴るような歌い方をするようになってしまうことがあります。

この怒鳴り声の原因の一つは、「大きな声で！」とか「元気がないなぁ、もう一回！」などと、保育者が子どもたちに対して、大きな声で歌うことを促すことにあります。このような指示を出してしまうと、子どもたちは無理な力でのどを締め付けて歌い、音程は低く外れてしまいます。怒鳴って歌うことを、保育者が「元気でいいね！」などとほめてしまうと、なおさらその傾向が強まります。子どもたちはそれでよいと思ってしまうからです。また、仲間より目立ちたい一心で怒鳴る子どももいますし、騒がしい保育室の環境や大きすぎるピアノ伴奏の音の中で、無理にでも自分の声を聞こうとして怒鳴る子どももいます。つまり、怒鳴り声の原因は子どもにあるのではなく、ほとんどが保育者側にあることがわかります。

こうした問題を解決するためには、まず、「今の声、みんなはどう思う？」などと、子どもたちの注意を声に向けさせ、気づかせることが大切です。また、歌うことばかりに意識を向けさせるのではなく、「ピアノの音をよく聴きながら歌ってね」「まわりのお友達の声をよく聴きながら歌ってみよう」などと、聴く意識をもたせることも効果的です。

さらに保育者も、ピアノの伴奏を子どもの人数や教室の広さに合わせて音量を調整しながら弾いてみるなど、子どもたちが無理なく歌えるように工夫していくのも大切なことです。

(3) ひく活動

「ひく活動」とは、楽器を使って表現する活動です。子どもが手にする楽器には、カスタネット、タンブリン、トライアングル、すずなどが代表的で、多くの保育所や幼稚園では、こうした楽器をそろえています。

しかし、これは意外と思われるかもしれませんが、この中でタンブリンとトライアングルは、おとなの楽器を小さくしただけで、子どものために考えられた楽器ではないのです。タンブリンは直径だけを小さくしていますが、枠の高さはおとな用と同じ四センチメートル以上のままであり、子どもの手のサイズには合わない仕様です。[*2] トライアングルにしても、多くの園で使われている一辺が一五センチメートル以上のものでは、子どもの手には大きくて重すぎる難点があります。現在では、一辺が七センチメートルくらいの小さな軽いものが市販されています。また、トライアングルと似たエナジーチャイム（写真4－1参照）という楽器を使えば、きれいな音を鳴らしやすいと思います。このように、子どもの手に適した楽器を選ぶことも保育者の重要な役割です。

保育者は、こうした楽器を扱う時、もう一つ注意しなければならないことがあります。それは、子どもたちへの楽器の渡し方です。

楽器を子どもたち全員の手に一度に渡るように配るとどうなるか、想像してみてくださ

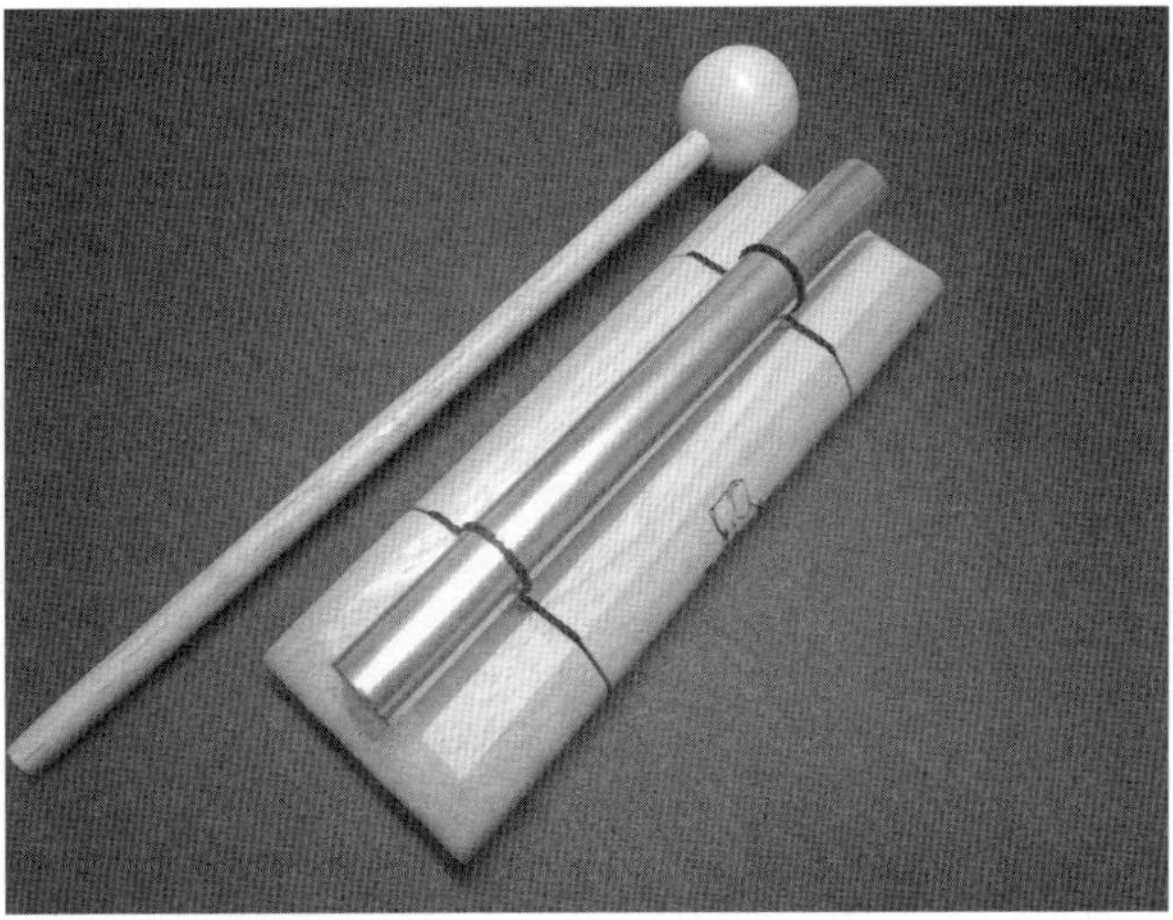

写真４－１　エナジーチャイム

い。音を鳴らしたくて仕方がない子どもたちは、おそらく楽器を手にした途端に音を鳴らし始めるでしょう。全員が一斉に楽器を鳴らすとどうなるでしょうか。きっと楽器の音でこちらの指示は通らなくなり、収拾がつかなくなってしまうでしょう。

では、どうしたらよいでしょうか。大事なのは、楽器を渡す前に必ずルールを伝えておくことです。「楽器をもったら『いいよ』って言うまで音を出さないで、静かに自分のお席に戻ってね」などと、具体的なルールを知らせておけば、楽器を渡した後、次の活動にスムーズに移ることができます。

ここで、子どもたちが初めて楽器の活動をする時に役立つ、簡単なゲームを一つ紹介しましょう。「宝探しゲーム」[4]です。

●宝探しゲーム

①好きな楽器を一人一つもって広がって座り、その中の一人が宝物を隠しもちます。
②オニ役はその宝物を探して、みんなの間を歩き回ります。
③オニ役が宝物に近づいたら、みんなでだんだん大きく楽器を鳴らします。遠ざかったらだんだん小さい音にして知らせます。
④オニ役はその音を頼りにして宝物を見つけます。

このゲームは、子どもたちが楽器のもち方や鳴らし方を知らなくても、オニ役に宝の場所を知らせたいと思うことで力の入れ方を工夫しますので、徐々に音量のコントロールができるようになっていきます。もし初めから楽器のもち方や鳴らし方を教えてしまうと、「そうしなければダメなんだ」と思い込み、楽器のもつ可能性や子どもたちの創造性を、みすみす奪ってしまうことにつながりかねません。楽器のもち方や基本的な鳴らし方などは、楽器の音色に親しんだ後に教えても遅くはないのです。

一方、特別な楽器を使わず、自分の身体を打楽器にすることも楽しい活動です。いわゆるボディーパーカッションです。手拍子、足踏み、ひざ打ち、手をこするなど、自分の身体から様々な音が出ることを発見しながら、器楽活動の導入として行ってみてはいかがでしょうか。

(4) うごく活動

音楽が聞こえてくると、子どもは真似をしながら口ずさんだり、無意識のうちに身体を動かしたりします。寝ているだけの乳児でも、手足を動かしますし、座れるようになれば、上半身を左右前後に動かしたりもします。成長と共に動かせる部位が広がり、音に合わせて身体を動かすことが上手になっていきます。

ところが年齢が上がるにつれて、恥ずかしがって人前で動くことを嫌がるような子どもも出てきます。もちろん、人、地域、文化によって差はありますが、どうしたら恥ずかしがらずに音や動きの表現をするように援助できるでしょうか。音と動きの関係にヒントを得た「ステップたたき」[5]というゲームを紹介しましょう。

●ステップたたき

①みんなで半円を描くような形で椅子に座ります。
②オニ役は半円の中に立ち、そこでいろいろなリズムをつけて足踏みをします。
③みんなは、オニ役の足踏みに合わせてひざを叩きます。
④オニ役が誰かにタッチをしたら、オニを交代します。

オニ役になった子どもは、動き出すまでは緊張したり不安を抱いたりするかもしれませんが、足踏みに合わせてひざを叩くという反応があることで、だんだんとリラックスしていきます。慣れてくると、意表をついた足踏みをしたり、足踏みの強さを変えたりしてゲームを盛りたてる子どもも出てきます。とても簡単なゲームですが、動くことへの抵抗をなくすヒントが、このゲームには含まれているように思います。

このゲームでは、オニ役の動きに合わせてまわりが即時に反応しますので、オニ役は他者から受け入れられ、認められているということを感じとり、その結果、温かな一体感が生まれます。この安心感・一体感が、動くことへの抵抗をなくしてくれるのだと思います。

動くことへの抵抗がある子どもでも、もしかしたら指だけは音に合わせて動いているかもしれません。よく目につく表面的な動きの表現だけを見るのではなく、子どもを受け入れ、認め、そして少しずつ成長を見守ってあげることが、保育者には望まれるのではないでしょうか。

(5) つくる活動

音や音楽をつくる活動は、最も想像力や創造性を培う大切な活動と言えますが、私はその中でも特に、「手づくり楽器」の重要性を感じています。すでにつくられた楽器というのは、その構造が複雑であり、どのように音が鳴っているのか、その仕組みを知ることができません。音の原理を理解しつつ音に興味をもたせるためには、音をつくるということがとても重要な意味をもちます。先に紹介した「きく活動」と連動させ、「いろいろな音を発見できたら、次は自分の好きな音をつくってみよう」というように、活動を展開させるとよいでしょう。

簡単につくれる楽器として、「ペットボトル・マラカス」（写真4－2参照）があります。空の小さなペットボトルの中に、砂やどんぐり、ビー玉、小石などを入れてキャップをすれば完成です。中に入れるものの違いにより、音を変化させることもできます。

「ストロー笛」（写真4－2参照）も愉快な楽器です。市販のストローの先端一センチメートルくらいのところから、先が台形になるようにハサミで切り取ります。その部分を平らになるように押しつぶし、少し深めに口にくわえて強く息を吹き込みます。すると「ブー」というちょっと変わった音がします。ストローの長さをハサミで調節し、音の高さを変えると楽しさが増します。

また、「紙コップ・クイーカ」（写真4－2参照）という楽器も、紙コップとたこ糸と爪楊枝でつくることができます。紙コップの底の中央部分に爪楊枝などで穴をあけ、そこに長さ二〇センチメートル程度のたこ糸を通します。たこ糸は紙コップから抜けないように、通した先を結んで玉をつくりましょう。たこ糸を爪で強く速く引っ張ると、糸のこすれた大きな鋭い音が紙コップを通して鳴ります。

このように、身近な素材で簡単につくることができるのが、手づくり楽器の魅力です。また、音の原理である振動の様子を目で確認する、つまり、音を「見る」体験もできますので、みなさんも是非、将来の保育に役立ててください。

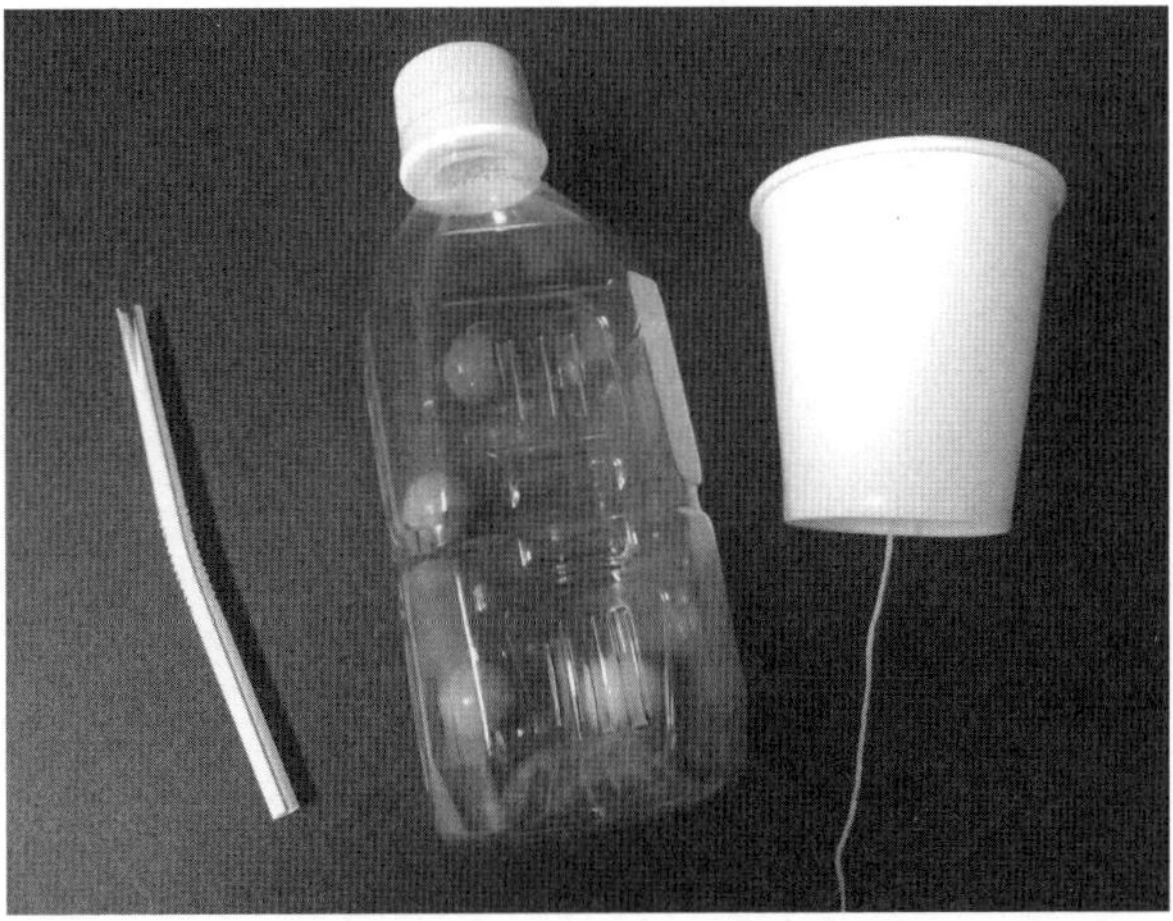

写真４－２　手づくり楽器
（左から、ストロー笛、ペットボトル・マラカス、紙コップ・クイーカ）

4 子どもの音楽表現を豊かにするために

「保育に求められる音楽の能力とは何か」

みなさんはすでに、この問いに対する答えがつかめているのではないでしょうか。ピアノが弾ければ、それだけ音楽活動の幅が広がることは確かです。しかし、たとえピアノが苦手でも、子どもたちのもつ音楽の世界に気づき、それを寛容に受け止め、共感し、励ますことによって、子どもたちの音楽表現を自由に豊かなものにすることができるのです。大切なことは、子どもたちと一緒に音楽をするという気持ちを、保育者が忘れずにいることだと思います。

人には個性があり、外見のみならず、能力や特技も違います。すべてをバランスよくもっている人なんて、そうはいません。みなさんも、自分がもっている個性や特技を生かし、苦手なものに関しては後ろ向きにならず、日々努力し、克服していくという姿勢をもって進んでください。

【注】

＊1　茨城県多賀郡北中郷村（現・北茨城市）出身の詩人、民謡・童謡作詞家。代表作に「シャボン玉」「七つの子」などがある。

＊2　近年では、子どもの手の大きさに合わせて薄型で木枠の内側にグリップを設け、スタンド固定用の穴をふさいだタイプの「教育用タンブリン」が開発された。

【参考文献】

1）深見友紀子・小林田鶴子・坂本暁美『保育士、幼稚園・小学校教諭を目指す人のために　この一冊でわかるピアノ実技と楽典』音楽之友社　２００７年　16‐17頁

2）高御堂愛子・植田光子・木許隆監修・編『幼稚園教諭・保育士をめざす楽しい音楽表現』圭文社　２００９年　20‐24頁

3）名須川知子・高橋敏之編『MINERVA保育実践学講座第11巻　保育内容「表現」論』ミネルヴァ書房　２００６年　48‐62頁

4）細田淳子『わくわく音遊びでかんたん発表会―手拍子ゲームから器楽合奏まで』すずき出版　２００６年　10‐18頁

5）リリ・フリーデマン（山田衛子訳）『おとなと子どものための即興音楽ゲーム』音楽之友社　２００２年　51‐54頁

第5章

保育の中の造形活動

――描くこと・つくること

酒巻洋一

造形表現の授業風景

1　気が進まない時間、図画工作

一〇年ほど前のことです。当時私は、某大学で小学校教諭免許取得をめざす学生たちを対象に、絵画の授業を担当していました。

ある朝、その大学へ通勤する電車の中で、学生たちと乗り合わせたのですが、その中の一人が隣の学生との会話の中で次のようなことを口走りました。「あ〜あ、今日の図工の時間、嫌だなあ……」と。さらに、その会話の相手も同調するように相槌を打ったと記憶しています。もちろん、二人とも私がすぐ近くにいることに気づいてはいなかったのですが、その発言は、私にとって大きなショックでした。

確かに、自分の手をデッサンしたりクレヨンで風景を描いたりするなどの、実技が中心のカリキュラムは、美術が不得意な人にとっては、気乗りがしない課題であることは織り込み済みでした。とは言え、授業中はなるべく学生とコミュニケーションをとり、少しでもつくる楽しさや工夫する意味を感じてもらおうと、興味深く臨めるような授業運営を心がけていたつもりだったのです。

そこで、次の年度の第一回目に授業のガイダンスを行った際に、出席している学生全員に対して、「今まで小・中学校で受けてきた図工や美術の時間が好きだった人は手をあげてみて」と投げかけてみました。すると予想以上に少ない四、五名の学生が、おそるおそる手をあげたに留まりました。クラスの一割程度の人数です。もちろん、恥ずかしさで手をあげなかった人もいたでしょう。手をあげて何かやらされたら困ると考えた人もいたかもしれません。好きでも嫌いでもないと感じていた人もいたでしょうから、あげなかった人すべてが美術の時間が嫌いだったとは言えないと思います。ですが、どう考えても半数以上は「美術イコール気が進まない時間」という感覚をもっていたのだと推測できました。その後、毎年同じように尋ね続けていますが、この割合はほとんど一定であり、多くの人々がおとなになるまでに、造形活動を縁遠いものとしてしまう根源を見るように感じます。

誰しも、幼児期にクレヨンを握って殴り描きをすること、絵の具遊びや粘土に触ることが嫌であったわけではないと思います。新しいことを知りたがる子どもにとって、それらの活動がつまらないわけがありません。みなさんも承知しているとおり、保育所や幼稚園などでは、保育者の弾くピアノに合わせて歌う音楽表現や、外遊びやダンスなどで体を動かす身体表現と同様に、素材に触れながらイメージをかたちにする造形表現は欠かせない活動です。そのような活動を通して子どもたちは、自分の思いやイメージを外に出し、表現しながら成長していくのです。

そもそも、造形活動は、描いたもの・つくったものがかたちとして残るものです。それが証となり、思いが表現できた喜びや、つくりあげた時の達成感につながります。しかし、小学校に就学し、造形活動が「図画工作」という教科としての枠組みの中で指導されるようになると、幼児期とは子どもの意識も変わっていきます。

できあがった作品が、まわりの生徒たちの作品と比較され評価を受けるようになると、自信をなくす場合もあります。また、国語での漢字の書きとりや、算数の計算問題など、正誤が明快な科目とは異なり、図工の評価の基準は曖昧に感じることもあります。その結果、思いを込めた作品に対しての評価に、納得がいかなく感じることもあるでしょう。そのような経験が「美術嫌い」につながる大きな要因になることも考えられます。

もちろん、指導のしかたや指導者の力量にもよるとは思いますが、すべての人が楽しいと思える教科などあり得ないでしょう。まして、受験に必要でもなく、生活への必要性も感じにくい「教科としての図工や美術」に対し、学年が進むにつれ多くの人が価値を見出しにくくなっていくことは当然のことだと思います。さらに、高校に進めば芸術の選択科目で美術を選ぶ人は少数派となり、多くの人が造形活動と距離ができてしまうのです。

このように、美術的分野が縁遠いものとなっていることは、保育者を志そうとする人たちの大多数にも言えることです。しかし、保育者として保育所・幼稚園などの現場に立てば、自らが得意であるか不得意であるかにかかわらず、子どもたちの造形活動をサポートし、リードしていかなくてはならないのです。

この章では、子どもたちが様々なものを見て触わり、探索をしながら表現し、成長していく幼児期に、欠かすことのできない造形活動を支援するために、保育者が担っている大きな役割について述べていきます。

2　造形について保育者が学ぶべきこと

保育所・幼稚園などの初めての集団生活の中で、子どもの表現の育ちを導こうと思うあまり、お手本を示し過ぎて、豊かである彼らの表現のふり幅を限定してしまったり、体裁を整えようと手を貸し過ぎて、その子の手跡が残らない作品になってしまったりしてはいけません。その点においては、美術が得意だと自覚している人ほど、気をつけなければならないでしょう。造形活動を見守り支援するために保育者が学んでおくべきことは、自らが巧みに描く技量ではありません。子どもの発達段階や、子どもに適した材料・道具について学び、子どもとのかかわりの中でその知識を生かせるようにすることなのです。

（1）子どもの発達の道筋を知る

まず始めにあげておきたいのは、幼児の発達の道筋を理解することです。発達の順序を知ることが、その時点で子どもたちのできることを把握し、そのための準備や支援のあり方を考えるうえで大切だからです。

子どもの描画活動の発達の順序は、成長によって、多少の早さの違いはあるものの、どの子も基本的には、ほぼ同じ道筋をたどっていきます。描画活動の始まりは、絵を描きたいという意思や欲求ではなく、親が手紙やメモを書いている姿を真似て、紙の上を鉛筆やペンで叩くことや、幼児がたまたま手にした描画材を、紙あるいは壁・床などに打ちつけたりする偶発的な行動の結果として点や線が印されることが、始まりとなる場合が多いのです。そのような自らの行動の痕跡を目にすることがきっかけとなり、殴り描きの活動が開始されます。その過程では、描くという感覚は少なく、運動感覚と触感覚を味わっているとも言えます。

少し難しい表現になりますが、「描く」こととは、描画材をもち、紙や壁などへ擦りつけて材料を定着させていくことです。つまり、その摩擦の力に負けないように、しっかりと描画材を保持し続けなければ、殴り描きはできません。

家族や親戚、または近所などの身近に一歳頃の幼児がいる人は、その子どもがクレヨンをどんなふうにもっているかを観察してみてください。ぎこちないながらも、ようやく握る・つかむ・つまむという運動ができるようになり、描く時には、まずしっかりとクレヨンをグーで握る姿を目にするでしょう。

そのようにもったクレヨンを、大きく肩を支点にして紙に打ちつけたり左右に動かしたりして、点や線などの痕跡を残していくのです。そして身体能力の発達に伴い、肘・手首・指の動き方や、描画材を手にするもち方も変化し、巧緻性(器用さ)も向上していきます。

一歳半頃から始まる殴り描きは、次第に線の勢いが増し、強弱などがつけられるようになります。さらに、二歳半から三歳頃になると、自らの手の動きを制御し、丸を結ぶなど単純な線描ができるようになります。すると、ゆがんだ丸であっても、それ以前の殴り描きとは大きく異なり、何かしらのかたちとして意味をもたせる対象となっていきます。

そんな時、傍らにいる親や保育者が「これなあに」と聞くと、思いつくままに「これママ」「これ救急車」と命名するのです。「そうなの、ママを描いてくれたの！」と声をかけてあげれば、子どもはその反応を喜び、しばらくすると自分から渦巻や丸を指さして、「これママ」「これ○○ちゃん」と言い出します。そして次には「パパかくよ」「車かくよ」と宣言して、意図的に丸や渦巻を象徴的に描き、説明するようになります。

このことは、絵を描くことの始まりととらえられるだけではなく、別の大切な意味があります。一歳半頃から急速に形成される言語活動以外に、丸く結んだ「かたち」をママだと見立てることによって、「ママが大好きな気持ち」が他者に伝わるのです。つまり、洗練された記号である文字で「ママ」と記して表すよりも早い段階で、自分の思いを伝達するツールを発見することになります。子どもの伝えたい気持ち、それが伝わった実感を得る重要な活動の始まりです。

さらに、直線を交錯させたり、円やいろいろな変形の図形を組み合わせたりして、言葉での説明を加えながら、表現しようとしていきます。一見して何を描いたかわからなくても、これらは単なるでたらめな組み合わせではなく、子どもの思いや発見がぎっしりと詰まった、内容のある表現なのです。

このような知識をもつことが、造形活動において保育者が子どもに対して適切な言葉がけなど、適切なかかわりを行ううえで必要となります。絵画制作の技術を高めることより、子どもの発達の段階について学び知ることのほうが、重要とさえ言えるでしょう。

(2) 素材や道具について知る

子どもの表現活動を活性化させ、意欲をかき立てるきっかけを与えるために、保育者に求められる大切な役割は、子どもたちに素材や技法を紹介することです。保育所や幼稚園で様々な造形材料や道具に触れる幼児にとっては、まずは「こういうものがあるんだ」「こんなことができるんだ」と、新鮮な驚きと共に知ることが、すべての始まりなのです。「環境構成」という言葉は、保育者をめざす学びの中で、実に頻繁に耳にしますが、造形活動においては、子どもの遊びや活動を促し支えるために、年齢や時期に応じて材料・用具を準備し設定することを意味します。

前項で述べたように、幼児期は発達段階の真っただ中にあります。殴り描きを始める一歳半頃と就学前の五歳児では、身体能力や手先の器用さに大きな差があります。ですから保育者は、多様な材料の特性や道具の扱いについて学び、子どもの発達段階に合ったものを選択する必要があります。

例えば、殴り書き初期の段階では、芯のとがった折れやすい鉛筆より、握りやすい太さと長さのクレヨンのほうが適していることになります。幼児の弱い力であっても強い筆圧をかけずに線が描ける、マーカーやフェルトペンなどもよいでしょう。紙からはみ出したりする場合を想定すれば、紙の大きさを検討したり、汚しても構わないようにあらかじめ養生をしておくことも必要でしょう。さらに、子どもは一度に短時間で数枚描くので、できることならば、紙は多めに用意したいところです。絵の具を使う場合には、筆とパレット・筆洗容器などの道具の配置をどのようにすれば活動がスムーズにいくかなど、年齢に応じた様々な配慮のもとに準備をしなければなりません。

材料は、造形活動を主目的にした教材（画材）だけではなく、落ち葉や木の実などの自然素材や、生活の中でほかの用途に用いられる素材の中からも、利用できるものはたくさん見つけられます。牛乳パックや食品トレーなどをリサイクルして用いれば、経費の面でも有効であり、保育の現場に適しています。

また、よく使う道具としてはハサミがあげられますが、先が丸まっているなどの配慮をしたうえで、よく切れるものを用意すべきです。切れ味がよいと危ないように思うかもしれませんが、よく切れないと力を入れ過ぎてかえって危ない場合もあるので、子ども向けであっても機能を重視して選ぶべきです。

養成校では、図画工作の授業や、教材を研究する授業がありますが、いずれも実際に手を動かし、製作体験に基づいた素材や道具への知識を獲得することを目的にしています。そして、そのことが、子どもの遊びを豊かに展開できる技術につながっていきます。

決して絵が上手にならなければいけないとか、手先が器用にならなければいけないというプレッシャーを感じず、積極的に臨んでほしいと思います。

写真５－１　巣箱に絵を描く子ども（５歳児）

（3）作品鑑賞にふさわしい環境について考える

自らのイメージや思いをかたちにする表現活動の中で、みんなで一斉に歌を歌う場合や、お遊戯で体を動かすことなどと違い、造形表現は個別の活動になりがちです。各々に夢中に描画に没頭することも大切ですが、同時に○○ちゃんがどんなものを描いたかということも、とても気になり出します。ほかの子どもの絵を見ることで、引け目を感じたり、真似をして描いたりすることもありますが、集団で活動する中でほかの子どもの作品を鑑賞することも大切なことです。そのために保育者には、作品鑑賞にふさわしい環境を準備することが、重要な仕事として求められます。作品が保育室や廊下に掲示されることは描いた子ども本人にとって、とても嬉しいものですし、同時にほかの子どもの絵を子どもなりに客観的に見る機会となります。また、図像が描かれる以前の、殴り描きの時期であっても、描いた線描や絵の具による表現を構成要素として、保育室の壁面装飾に展開することもできます。さらに、そのことを目標として設定することにより、子どもたちの意欲・興味を駆り立てることにつなげることも可能ですし、一人では味わえない達成感を獲得させることもできるのです。

これらのアイデアを生み出すには、保育者の発想力・デザイン能力によるところが大きいのですが、その手がかりとなるよう、授業では、絵の具やクレヨンなどの描画材それぞれの素材の特長について学びます。絵の具を弾いたり、滲《にじ》ませたり、クレヨンを引っ掻いたり、偶然に画面に立ち上がった美しい色やかたちを生かす技法は、説明するように絵を描くこととは異なり、全員が楽しく活動に入るきっかけにもなります。みなさんが小・中学校の授業で体験した技法が主となりますが、単にテクニックのおさらいをするのではなく、あらためて素材の可能性を体感し、表現に生かすことを学んでいきます。

(4) 協力してつくりあげる体験を通して学ぶ

保育所や幼稚園では、発表会の衣装や道具類をつくることなど、手先の器用さだけでは済まない、アイデアを絞らなければならないことも多くあります。多くの養成校では、学習成果を学内外に発表する機会が設けられていると思います。その中の音楽劇では、台本をつくり、振り付けを考え、演出をします。衣装・大道具・小道具などの製作では、限られた時間と予算の中で、いかに見栄えをよくするか、クラスの仲間でアイデアを出し合い、すべて自分たちで準備し上演するでしょう。その過程では、同級生の発想の中に、自分では考えつかないような工夫を見ることもあれば、力を合わせることにより、一人では成し得ない規模の成果を生み出すこともあるでしょう。このようにみなさんで協力してつくりあげることは、単なる学生生活の思い出をつくるためではありません。こうした経験を通して養われる力が、保育の現場に立った時、実践力として大いに役立つのです。

3 保育の現場で生きる力

前節でお話したような知識を十分に身につけたとしても、保育の現場で子どもたちの活動を支援していくことは、簡単ではありません。現場で経験を積むことで、徐々に自らの引き出しが増え、対応する力がついていくものです。

では、保育者として成長するためには、どのような姿勢で臨むべきなのでしょうか。

(1) 丁寧につくること

保育者の仕事には、保育室を飾る壁面装飾や、お便りに添えるちょっとしたイラストなど、美術的分野にかかわる仕事がたくさんあります。製作に苦手意識をもっている人にとっては、この方面の仕事は、重荷としてのしかかることもあるでしょう。忙しい毎日の仕事の中で、てきぱきとこなさなければならない局面も多くありますが、いずれにしても「丁寧に作業することが、よい仕事につながる」ことは、間違いありません。得手不得手にかかわらず、保育者は丁寧につくることを一番に心がけるべきです。時間がかかったとしても、そうした経験を重ねるうちに、大切なポイントやコツがわかり、結果として能率も上がっていきます。

(2) 作品を記録すること

子どもの頃に描いた絵、特に殴り描きの時期のものなどは、家庭内でもよほど意識していなければ保存することもなく散逸してしまいがちですが、もし、自分が描いた絵が残っていれば見返してみるとよいでしょう。上手・下手ではなく何かに心が動かされて手が動いた、その痕跡がそこに残されています。

保育者としてちょっと気を配り、意識さえすればできることですが、子どもの絵の端に、描いた日付や描いている時に発した言葉などを書き添えて保存すれば、子どもの貴重な成長記録となります。今の時代、安価なクリアファイルも売られていますので、ファイリングしておくこともできます。また、工作でつくったものは、なかなか保存しておくことは難しいですが、現在はデジタルカメラやスマートフォンのカメラ機能が発達していますから、夢中になってテープで空箱を接合しながら増殖していくようにできあがった造形物など、いずれは壊れてしまう子どもの作品を画像で残しておくことは、とても意味のあることだと思います。保育の現場でも活動の記録として残すことは重要ですし、卒園や年度末の時期に描画作品を綴って返却するだけでなく、手間はかかってしまいますが、撮影しておいた画像のデータをＣＤなどのメディアに記録して渡すことができれば、保護者や子ども本人にとって大変よい思い出となるでしょう。

みなさんが現場に立つ頃には、そのような記録媒体などはさらに進化し、便利になっていると思います。大いに活用してほしいものです。

（3）身近にある美的な感覚を生かすこと

この章の始めに書いたように、高校生になると大多数の人が造形活動から縁遠くなってしまいます。表現手段としての音楽や身体表現に触れる機会は、学校の教育とは別の場面でも、身近な生活の中に多くあるものですが、美術的分野は、残念ながら日常から離れた場所にありがちです。おそらく、美術館に行き、絵画や彫刻を鑑賞する機会が日常的にある人は、少数派ではないかと思います。ましてや、自主的に作品を製作する人は、ごく限られているでしょう。

しかし、みなさんが日常すでに行っている行動の中に、美的で創造的な活動は、案外たくさんあるものなのです。例えば、誰しもお金に余裕があれば、少しでもおしゃれがしたいという感覚をもっているものだと思いますが、洋服をコーディネートする際に、色彩や素材の組み合わせを意識する感覚は、色紙を構成して装飾をつくることにもつながります。また、一〇〇円ショップで買った雑貨で収納を工夫するアイデアは、保育室の環境を整えることにも生かせると思います。

このように、すでにみなさんが身につけている知恵やセンスは、保育の様々な場面で、十分生かせるのではないでしょうか。おしゃれや生活を楽しむことで、保育者としての力もつくのだと考えると、楽しくなりませんか。

4 表現に立ち会い、育む人になるために

ここまで読んでいただければ、私がこの章でみなさんに伝えたいことはもう理解していただいているのではないかと思います。保育者をめざすにあたり、必ずしも絵や工作が上手になることが重要なのではなく、苦手・嫌いだと感じている人も、臆することなく造形活動に親しみ、学んでほしいということです。

もちろん絵が得意なこと、手先の器用なことなどは、保育者にとって「強み」になることには違いありません。子どもに「何々を描いて」とせがまれた時に、目の前でさっと描くことができるのはすばらしいことです。しかし、手がなかなか動かずにもどかしさを感

じている子どもの気持ちをより一層理解し、急かすことなく、ゆっくりと見守ってあげられるのは、むしろ美術を不得意とする人のほうかもしれません。

幼児期の子どもが表す世界は、おとなが一般的に上手だと感じる物差しでは測ることができないでしょう。殴り描きから次第にかたちを描き始めても、おとなのように視覚によって得た情報と比較してはいません。子どもたちは、ママやおばけや消防車を何も見ないでどんどん描いていきます。イメージは、頭の中にあるのです。保育者には子どもたちの多様な表現を認め、受け止める懐の深さが必要となります。そのためには、子どもの声を聴くような気持ちで絵を見て、感じなければいけません。

幼かった時のことを思い返してみましょう。誰しも多かれ少なかれ、夢中になってお絵描きや工作をしたことが、記憶に残っていると思います。嫌いだった記憶しかない人は、嫌いになる以前のことを想像してみてください。その時の気持ちはどうだったでしょうか。

造形活動から縁遠いままでは、子どもの前に立つことは難しいでしょう。自分自身も心を開き、自らが表現する楽しみを実感していることが、子どもたちの表現の誕生に立ち会い、育むことができる人になる第一歩なのです。

さあ、久しぶりにクレヨンを握ってみましょう。

第6章 子どもと一緒に運動遊び

――知っておきたい知識と心得

森慎太郎

鉄棒で遊ぶ子どもたち

1　なぜ幼児期に運動が重要なのか

「運動が得意ですか?」という質問に、あなたはどのように答えるでしょうか。運動が得意な人は、おそらくスポーツテストの成績もよく、運動能力が高いでしょう。逆に運動が苦手な人は、運動能力が低いことが想像されます。この運動能力の高低は、どのように決まるのでしょうか?

運動能力は親からの遺伝で決まると思われがちですが、生まれてからの環境や生活スタイルなどの後天的な要素のほうが大きく影響します。つまり運動をするか、しないかによって、運動能力の伸びが変わってくるのです。これは、子どもでも高齢者でも、どの年代においても同様ですが、幼児期は特に、運動能力が伸びやすい時期にあたります。

(1) 神経の発達と運動の発達

幼児期に運動能力が伸びやすいというのは、この時期に脳・神経が大きく発達するからです。脳・神経の発達と運動能力の向上には、どのような関連があるのでしょうか。まず、脳・神経と運動(動作)のかかわりについて、皿の上にあるシュークリームを手にとって食べるという動作を例として考えていきます。

シュークリームをつかむという動作を、あなたは何も考えずに行うことができるでしょう。もちろん、この時に脳が指令を出して、手が動いていることはご存知だと思いますが、その指令はとても細かく、たくさん出されています。シュークリームまで手を伸ばすために、「肘をどのくらい伸ばす?」「腕をどのくらいあげる?」「手をどのくらい開いてつかむ?」「どの関節をどのくらいのスピードで動かす?」といった具合です。

ここまで一つ一つを考えて行動している人は、まずいないでしょう。しかし、このようにきちんと脳から指令が出て、その指令が神経を介して筋肉まで届くことで、身体の必要な部位が動き、シュークリームがつかめるのです。指令がうまく伝わらないと、シュークリームはつかめませんし、つかめてもつぶしてしまうかもしれません。これは、ボールを投げたり、縄を跳んだりといった身体を大きく動かす運動でも同じことが言えます。

運動が上手にできるようになるということは、自分自身の身体をコントロールする力が向上するということです。そのために、脳はどのような指令を出すかを考え、実際に行い、失敗を繰り返しながら学習します。そして最終的には、一つ一つ考えなくても、効率よく指令を出すことができるようになるのです。しかし、脳が適切な指令を出したとしても、複雑な動きになればなるほど、その情報量はとても多くなってしまいます。そのため、指令を伝える神経が少ないと、指令が渋滞を起こしてしまい、筋肉にうまく伝わらず、単純な動作や不器用な動作しかできなくなってしまうのです。

この渋滞を解消するために、神経は新たな神経回路をつくって、指令を届けようとします。これが神経の発達です。神経の発達を促すためには、いろいろな動作を行い、多くの指令を送って、渋滞を何回も起こす必要があるのです。つまり、いろいろな動作や運動を経験することが神経の発達につながり、身体をコントロールする力の向上（運動発達）につながると言えます。

もう一つ重要なことは、神経が発達しやすい時期というものが存在することです。図6－1は、ヒトの誕生から成熟期までの発育量を一〇〇％とした場合、身体の各器官がどの時期にどの程度発育したかを表したグラフです。これを見ると、幼児期に神経の急激な発達が見られ、六歳までに成熟期の八五％程度に達していることがわかります。つまり、この時期が最も神経の発達しやすい時期ということであり、この時期に様々な運動を行い、脳に「指令」を多く出させて神経をたくさんつくることがいかに大切か、そして理にかなっているかがわかるかと思います。逆に言えば、幼児期を過ぎてしまうと、いくら脳が「指令」を出しても、神経の発達にはつながりにくいので、自分自身の身体をコントロールする力は向上しにくいのです。

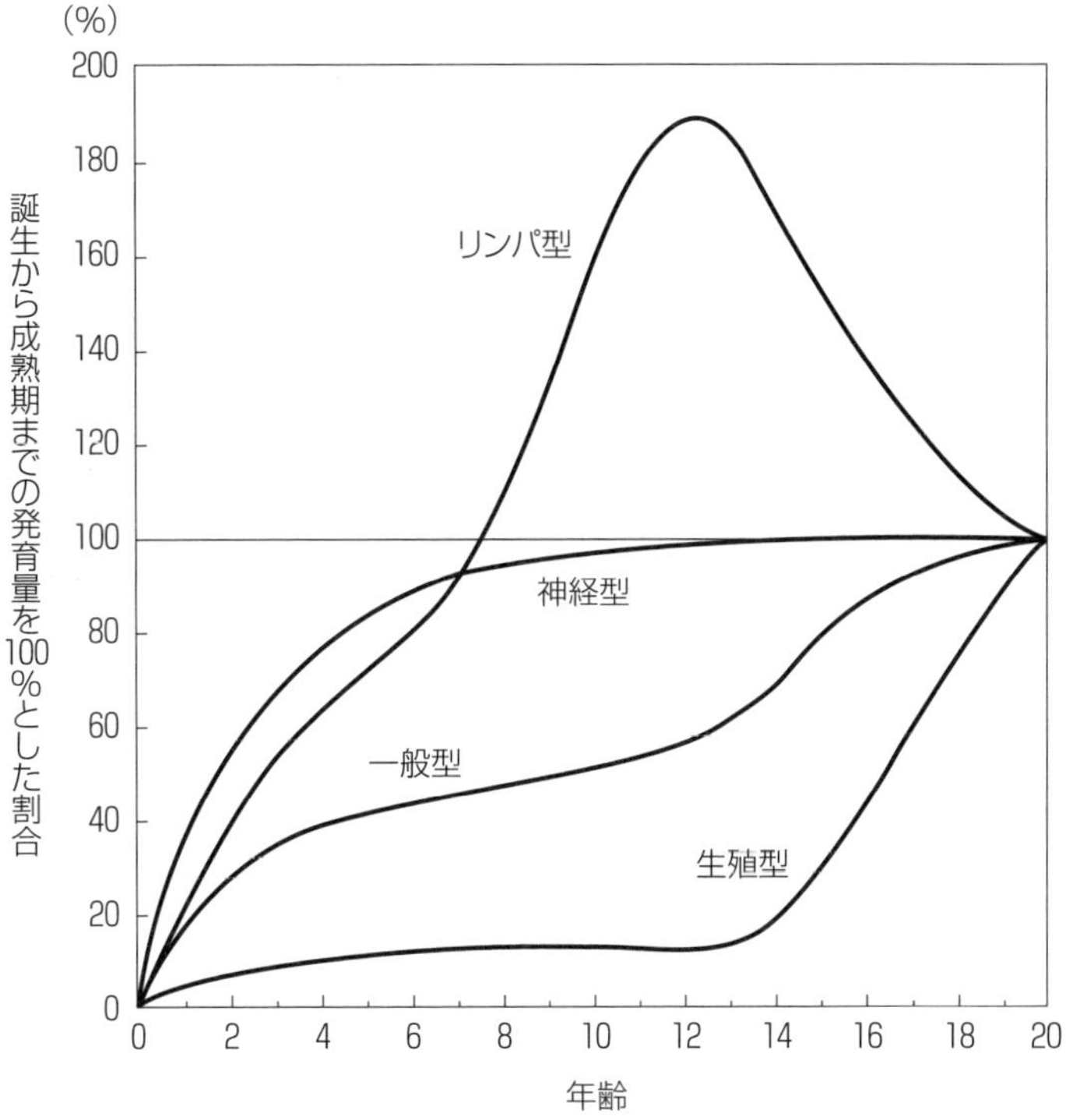

図6－1　スキャモンの発育曲線

出典）Scammon R. E.「The Measurement of Man（The Measurement of the body in childhood）」1930年より引用

（2）運動が子どもに及ぼす影響

このように、幼児期に身体を動かすことは、脳や神経の発達を促すわけですが、それ以外にも、幼児期の子どもたちにもたらす影響があります。

第一に、運動を行うことによって、身体の様々な機能が向上します。例えば、高いところに登ったり、物をもったりすることで筋力が高められ、鬼ごっこでは素早さが高められます。ボール遊びでは器用さが、ブランコや一本橋などでは、バランス能力の向上が期待できます。さらに、走ることで呼吸器官の発達や、骨の発達が促進されます。また、運動によって消費されたエネルギーを補うために「食事」をし、身体を休ませるために「睡眠」をとるといった、よりよい生活リズムの獲得にもつながります。

運動は身体だけでなく、心の発達にもよい影響を及ぼします。子どもは「外でのびのびと走りたい」「動き回りたい」といった、運動に対する欲求をもちあわせているように思えますが、身体を動かして遊ぶことにより、そういった欲求が満たされ、情緒が安定し、健やかな心が育まれます。そして、多くの運動は成功と失敗がはっきり示されるため、成功した時に味わうことができる喜びや達成感は、次のことに挑戦する意欲や自信につながります。こうした自信や積極的な態度は、子どもたちの行動全般にもよい影響を及ぼすのです。

さらに、運動は人との関係（社会性）も向上させてくれます。一人で鉄棒や縄跳びをしたり、二、三人でかけっこやごっこ遊びをしたりしていた子どもたちも、三歳頃になると鬼ごっこなどの集団遊びを始め、五歳頃になるとリレーやサッカーなどのグループで競う運動遊びができるようになります。集団での運動遊びでは、目的を達成するために仲間と協力することや、ルールを守って遊ぶことの大切さを学ぶことができます。また、運動遊びをスムーズに進めるために、子どもたちの中からリーダーが生まれ、そのリーダーを中心に役割分担をしたりします。このようにして、子どもたちは自分のまわりにいる人たちとどのようにかかわるかを学んでいくのです。

一般的に運動というと、体力がつくなど、身体面の効果が注目されがちですが、このような精神面や社会性の発達にも効果が期待できるのです。また、ここでは取り上げませんでしたが、知的能力を向上させる効果もあることがわかってきています。[1)2)] つまり、幼児期の運動は、これらをバランスよく育む機会となり、子どもの人格形成の基盤づくりに大きな役割を果たすのです。

2　子どもの体力・運動能力の低下とその原因

ところで、みなさんもご存知かと思いますが、近年、子どもの体力・運動能力が低下していると言われています。

このことは、文部科学省が一九六四年より実施している、「体力・運動能力調査」、いわゆる「スポーツテスト」のデータからわかります。図6－2を見ると、一九七五年頃までは成績が向上しており、それ以降一〇年間は、ほぼ横ばいの状態が続き、一九八五年以降は低下しています[*1]。みなさんが小学生であった時（二〇〇二年、一〇歳）の記録とみなさんの親世代が小学生だった頃（一九七二年、一〇歳）の記録とを比較してみましょう。五〇メートル走では男女共に、みなさんの世代のほうが約〇・二秒遅く、ソフトボール投げでも、男児で約三・八メートル、女児で約一・七メートル短くなっているのです（図6－3参照）。

このスポーツテストの結果以外にも、身体を思いどおりに動かすことができない子どもが目につくなど、子どもの体力に不安を感じさせる状況が存在します。例えば、かけっこでまっすぐに走れない、スキップができない、転んだ時に手を出せず顔面にけがをするな

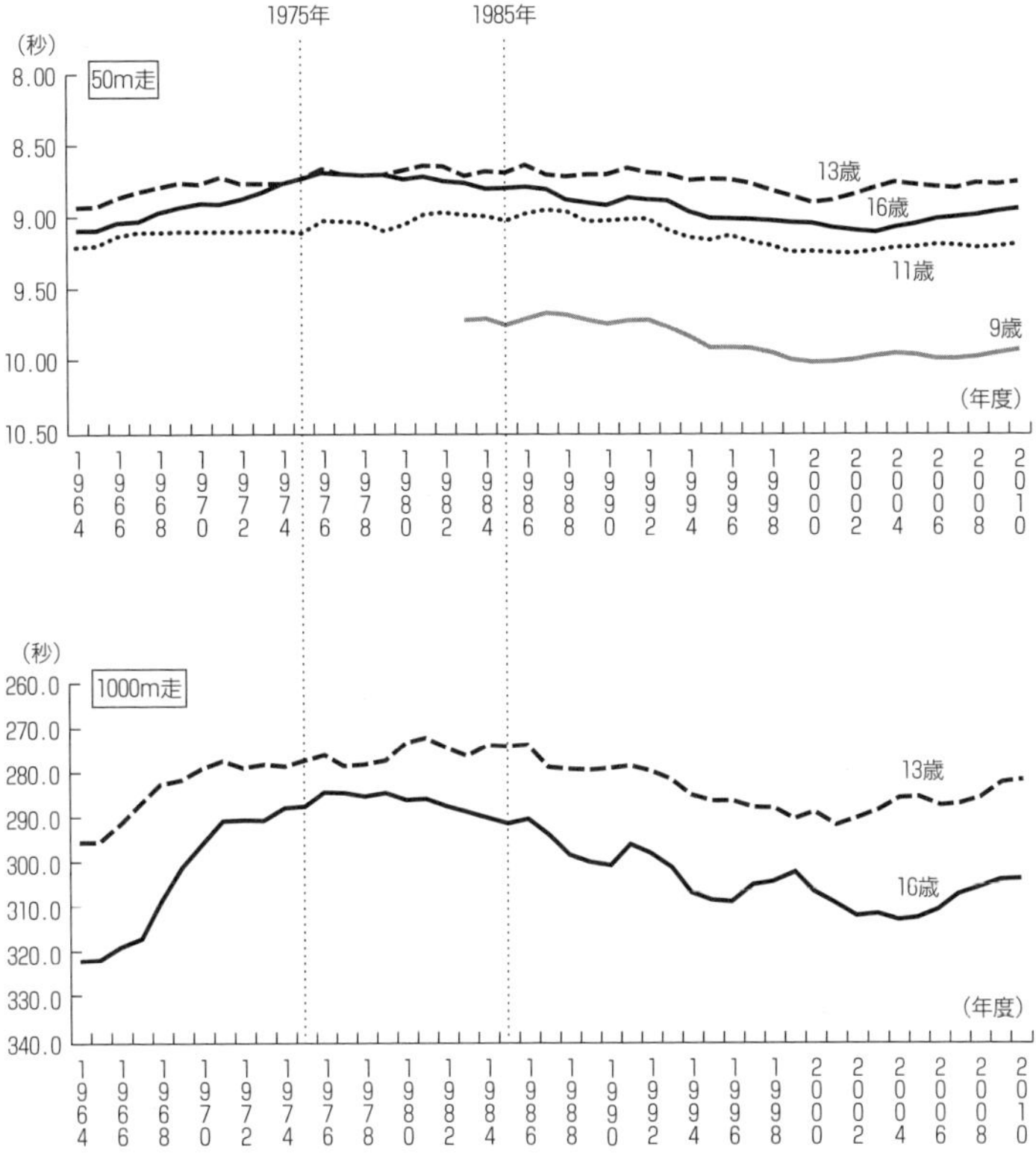

図6－2　「体力・運動能力調査」の結果推移（女子）

注）3点移動平均法を用いて平滑化して作成
出典）文部科学省「全国体力・運動能力調査結果」より著者作成

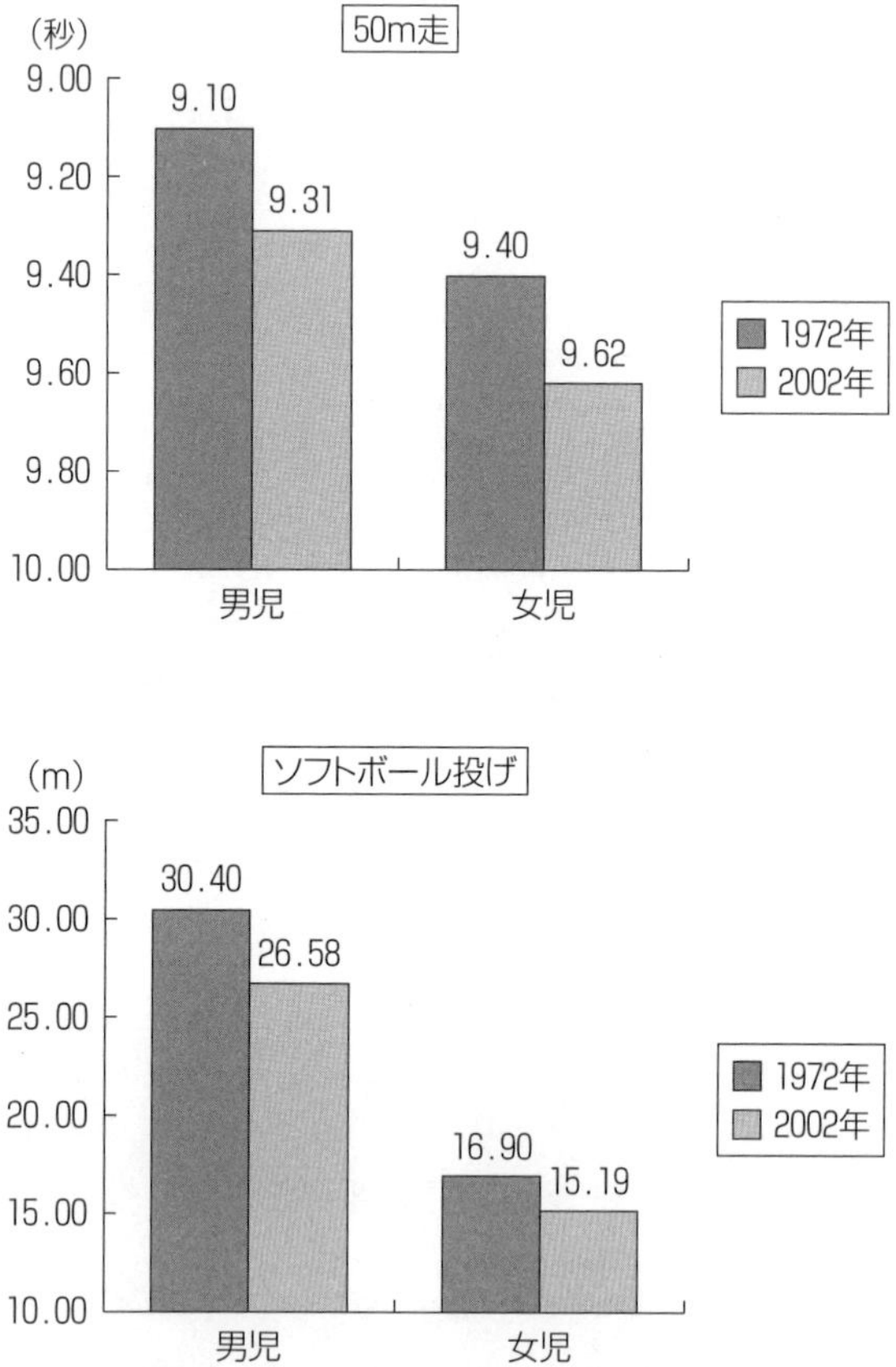

図6－3　1972年と2002年の10歳児の体力比較

出典）図6－2に同じ

どがあげられるでしょう。

このような子どもたちは、運動は疲れるなどと言って、ますます身体を動かさなくなり、さらに運動不足に陥ります。その状態を放置すると、意欲や気力の低下といった精神面にまで悪影響を及ぼし、さらに肥満などの生活習慣病にもつながります。

では、子どもの体力低下の原因は、いったいどこにあるのでしょうか。

文部科学省に設置されている中央教育審議会は、「子どもの体力向上のための総合的な方策」の答申（二〇〇二年）において、国民の意識、環境の変化、生活習慣の三つをその原因としてあげています。[3)]

まず一つ目に国民の意識ですが、国民、すなわち保護者が子育てに際し、運動や外遊びよりも勉強や習いごとを優先させ、体力よりも学力の向上を重視するようになったことが、子どもたちの身体を動かす機会を減少させ、その結果として、体力の低下につながったという指摘です。危険を伴う遊びや、子どもの服や身体が汚れることを嫌う保護者が、子どもに外遊びやスポーツを積極的にさせないことも影響していると思われます。

二つ目にあげられている環境の変化ですが、これは具体的に言うと、私たちの生活が便利になったことで、日常的に身体を動かすことが減少したことを指しています。交通手段の発達により、長時間歩かずに目的地にたどり着くことができ、コンビニエンスストアなどの普及で、遠くに行かずとも何でも手に入る時代となっています。また、大概の建物にはエレベーターやエスカレーターが備えつけられており、階段をのぼる機会すら、あまりない状況です。このように、これまで日常的に行っていた身体活動が減少した結果、子どもの体力が低下したと言われているのです。

遊びや運動に費やせる時間が減少する反面、テレビやテレビゲームなどの室内遊びの時間が増加したことも、子どもの体力低下につながっています。また、都市化や交通量の増加に伴い、空き地、森や林、路地などの手軽なスポーツや外遊びの場が減少したことも、子どもの身体を動かす機会を奪っていると言えるでしょう。さらに少子化の影響と、塾などに通う子どもの増加により、身近な遊び仲間を確保しにくい状況が出現していることも見逃せません。[4)5)]

三つ目にあげられている子どもの生活習慣の問題ですが、おとなの夜型生活の影響で、子どもも夜更かしをしてしまい、朝遅くまで寝ていて食事をとる時間がない。朝ごはんを食べないから、昼間の活動力が低下する。昼にあまり活動していないから、夜眠くならない……と悪循環が起きています。こういった好ましくない生活習慣は、疲れやすい、風邪を引きやすいなど、抵抗力の低下につながるだけでなく、体力や気力、学習意欲の低下、集中力の欠如など精神面にも影響を及ぼすおそれがあります。

以上のように、子どもの体力低下をもたらす原因の中には、解決が難しいものもありますが、まわりのおとなたちの配慮や工夫によって、改善することができる要素もあるように思えます。多くの子どもたちとかかわる保育者は、そのような体力低下に歯止めをかける役割も期待されるのです。

3 保育者は何ができるか

保育所や幼稚園では、子どもの運動に関する様々な取り組みが行われていますが、その多くは運動を専門とする外部の指導者に依頼し、実施しているのが現状です。運動の専門家ですので、運動指導の順序が適切であり、的確なアドバイスもできるため、子どもの運動技能の習得を効率的に導くことができるでしょう。また、子どもの側も普段と異なる「特別な先生」とかかわれるという期待があり、運動に対するモチベーションを高めることもできるでしょう。

しかし、そういった専門家による指導が週に一回、一時間程度しかないとすれば、子どもの運動量を確保するには十分とは言えません。当然、日常的に子どもとかかわる保育者が、それを補うような活動を行わなければなりません。実際にどのようなことを心がけ、実践していけばよいかを、以下に述べていきます。

(1) 保育者の運動に対する意識

この章の冒頭で引き合いに出した「運動が得意ですか?」という質問は、実は、保育者の運動の得意・不得意と、保育者が担当する子どもの運動能力との関係についての調査に用いられた質問の一つなのです。[6] その調査結果が図6-4に示してありますが、これを見ると、「運動が苦手」と答えた保育者が受けもっているクラスの子どもたちは、「運動が得意なほう」「どちらでもない」と答えた保育者が受けもっているクラスの子どもたちよりも、運動能力が低いことが読みとれます。この結果だけを見ると、運動が苦手な保育者は、やはり運動指導に向いていないのではないかと思われがちですね。

では、図6-5を見てみましょう。このグラフは、保育者の運動経験を「なし」「一年以内~三年」「三年以上」に分け、それぞれの保育者が受けもっているクラスの子どもたちの運動能力を示したものです。こちらの図では、子どもの運動能力には、ほとんど差がないことが示されています。運動経験の年数が多いからといって、必ずしも運動能力が高いとは限りませんが、ある程度関係があると考えられます。ですので、保育者の運動能力は、その保育者が受けもつクラスの子どもたちの運動能力には影響しないとも言い換えら

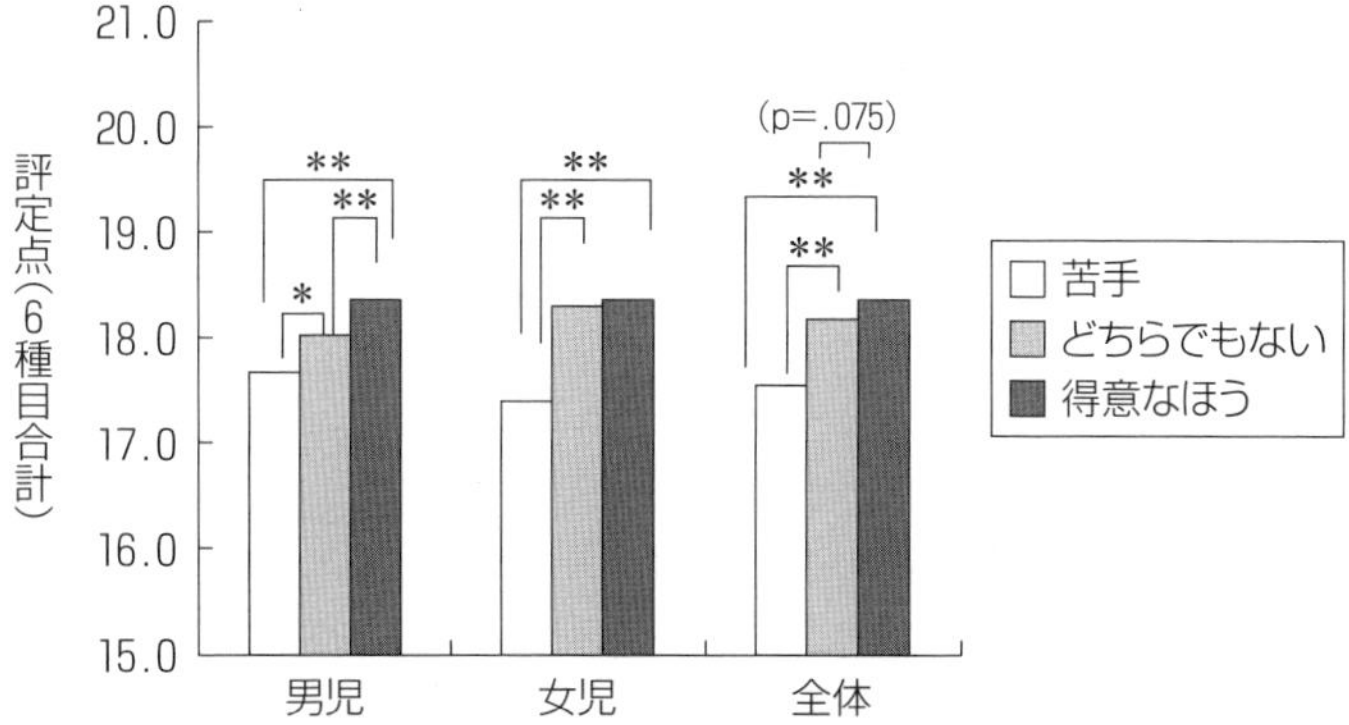

図6－4　保育者の運動得意・不得意による子どもの運動能力の比較

注）＊：5％水準で有意な差（p<0.05)、＊＊：1％水準で有意な差（p<0.01）
出典）森司朗ら「園環境が幼児の運動能力発達に与える影響」『体育の科学』54巻第4号　杏林書院　2004年より引用

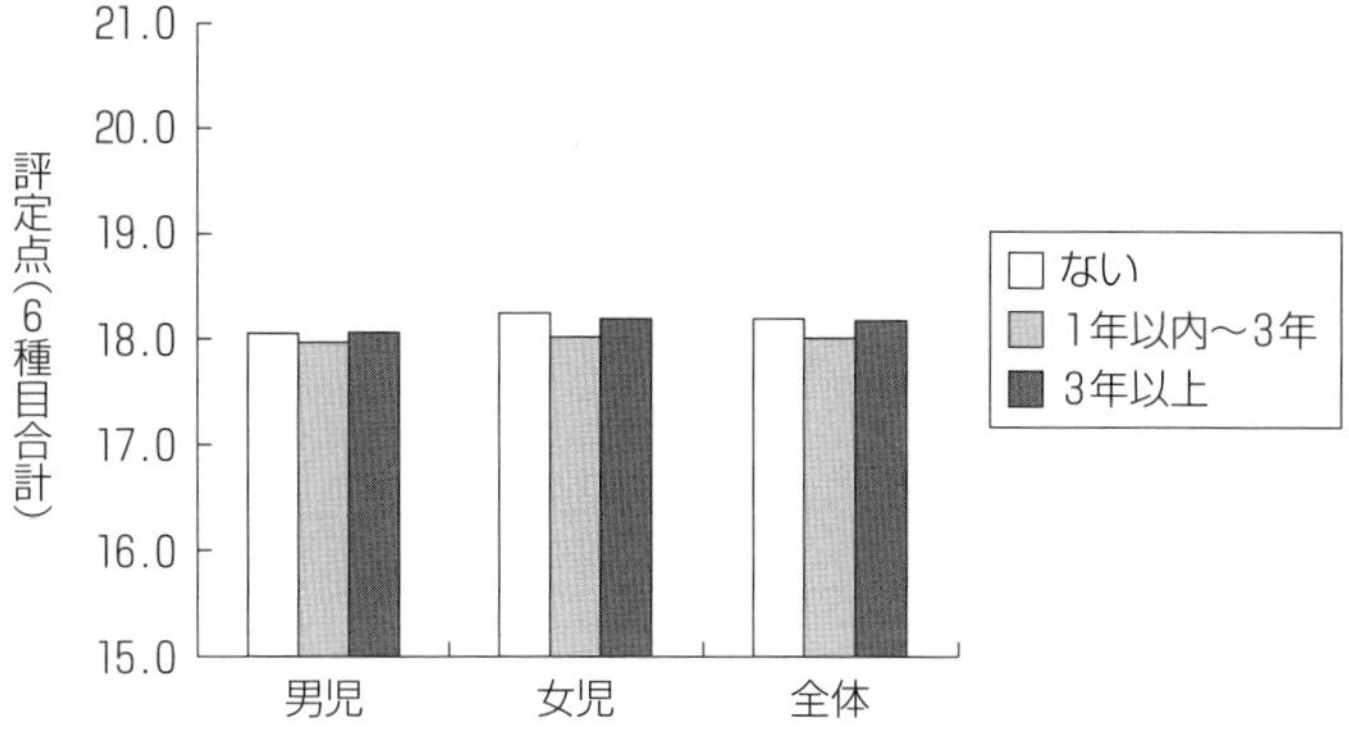

図6－5　保育者の運動経験による子どもの運動能力の比較

出典）図6－4に同じ

れるでしょう。

これらの二つのグラフから読みとれることは、保育者は運動能力が低いことよりも、運動に対する苦手意識をもつことのほうが、子どもの運動能力にマイナスの影響を及ぼしやすいということです。保育者が運動に対して苦手意識をもっていると、無意識に運動遊びを避けてしまうのかもしれません。製作や本の読み聞かせなど、室内で行う活動に偏ることで、子どもたちの運動の時間が減ってしまい、結果として子どもたちの運動能力の伸びに影響を及ぼしているとしたら、保育者の運動に対する苦手意識は、かなり大きな問題と言えそうです。保育者は、たとえ子どもたちに自ら上手なお手本を見せることができなくても、子どもと一緒に運動を楽しむ姿勢があれば、子どもたちを望ましい方向に導いていくことができます。

運動が得意でない人も、「運動が好き」と言えるようになれるとよいですね。

（2）子どもの運動遊びを活性化するための環境づくり

子どもたちが運動遊びを行い、運動能力を高め、体力を向上させていくには、いかに子どもたちに運動の機会を提供するかが重要となってきます。

文部科学省が二〇〇七年から二〇〇九年にかけて行った調査[7]によると、外遊びをする時間が長い子どもは室内遊びの時間が長い子どもと比較して、高い体力を示す傾向があることが明らかとなっています。子どもの保育にかかわる時には是非、外遊びを積極的に行うように心がけてください。外遊びでは、全身を思い切り動かすことができますので、スピードや高さのある遊びにチャレンジさせるとよいと思います。そうすれば、自ずと運動量が増加します。自然と触れ合える経験ができるのも外遊びの大きなメリットですので、その点も踏まえ、子どもたちにとって楽しい運動遊びとなるように工夫しましょう。

次に考えてほしいのは、子どもたちが自発的に運動遊びを行いたいと思えるような環境を、保育者が整えていくことです。例えば、ビニールテープでラインを複数引いておけば、子どもたちがそれを跳び越えたり、友達とジャンプの距離を競ったりという姿が見られるでしょうし、地面や床に円をたくさん描いておけば、それを使って自然にケンケンパを始めたりするでしょう。様々な遊具や遊び道具などを提供し、あらかじめ配置しておくだけで、子どもの運動への意欲は高まるものです。

(3) 運動遊びを行う際の留意点

さらにみなさんが将来、保育者として運動遊びを実際に指導する際に、心得ておいてほしい点が三つあります。

まず、子どもたちに達成感を味わわせるということです。子どもたちが達成感を味わうためには、運動の内容や声かけに工夫をしなければなりません。子どもたちは「できた」という成功体験に喜びを感じ、もっと難しいことに挑戦しようという意欲が湧いてきます。たとえ成功しなかったとしても、少しでも成長し、上達したことを保育者が認め、ほめてあげることで、その意欲はかき立てられるでしょう。そうすることによって、子どもたちが自発的に運動遊びを行っていけるようになるのです。保育者は子ども一人一人の性格や発育・発達状況を把握し、個々に応じた対応を心がけ、子どもたちと達成感や楽しさを共有していくことが望まれます。

次に大切なのは、運動を行う時間やその配分に注意をすることです。保育所や幼稚園で子どもたちが運動する機会は、自由遊びのほかに一斉保育での運動遊びがあります。一斉保育においては、全員に同じことを説明し、全員が同じように運動を行うことができるため、保育者の数が少なくても実施しやすく、特に初めての運動を経験させる際やクラス全員の運動能力を引き上げていくのに適しています。しかし、その反面、説明を聞いている時間や、順番を待っている時間が長くなりがちであり、実際に身体を動かす時間が短くなってしまうという難点があります。三〇分の跳び箱遊びの時間に、跳び箱に触れたのがたった三回だとしたら、子どもたちはがっかりすることでしょう。

このような事態を招かないようにするためには、その時間にどのような運動をどのくらいさせたいのかといった目的をはっきりとさせ、その目的に沿った内容になっているかを考えることが重要です。そのうえで、活動時間内に子どもの運動量が十分確保できるかを考え、子どもたちが「身体を動かした！」という達成感を味わえるよう、時間配分を工夫すればよいのです。

最後にあげておきたいのは、リスクマネジメントです。リスクマネジメントとは、これから起こりそうな危険に対して事前に対策を講じ、危険を予防もしくは軽減させる行動をとることを言います。自由保育にせよ一斉保育にせよ、運動遊びには、けがや事故などの危険性が伴います。擦り傷程度であればよいのですが、場合によっては重大なけがにつながるおそれもあります。子どもは注意力が散漫であり、自己中心的な行動をとりやすいため、おとなよりも危険な状況が発生する確率が高いことを、保育者は認識しておかなければなりません。そのような危険を回避するために、子どもの視点や考え方、行動のしかたの特性を踏まえて危険を予測し、十分にコントロールしてあげましょう。

4 保育者をめざして

これまで述べてきたように、子どもの運動発達を促して体力の低下を防ぎ、生き生きと生活できるようにしていくために、保育者の果たす役割は非常に大きいのですが、そのような保育者をめざすみなさんに、今やっておいてほしいことは、やはり自分自身で運動を行うことです。

最近、身体を動かしていますか？

階段を利用していますか？

以前よりも疲れやすいと感じることはありませんか？

「年だから、すぐ疲れる」と学生が言っているのをよく耳にしますが、二〇歳前後というのは、人生の中で一番エネルギーが満ちあふれる時期です。疲れやすくなったのは年をとったからではなく、運動不足によるものです。保育者は、元気いっぱいの、数多くの子どもたちと一日を共にしますので、それに負けないくらいの体力をつけるよう心がけてください。少しずつで結構ですので、意識して身体を動かし、それをできるだけ継続しましょう。

また、運動を行う時には、子どもたちがよく行う運動遊びにチャレンジしてみることをお勧めします。鉄棒や跳び箱、縄跳びなどは、おそらく小学生の時以来、行っていないでしょう。鬼ごっこや伝承遊びにはどのようなものがあったかを調べ、遊びの幅を広げておいてください。ただ調べるだけでなく、それらを自ら経験しておくことが大切です。そうすることで、子どもの発達段階に適した遊びを提供する力がつくことでしょう。そして、このような準備をするうちに、子どもたちの前で自信をもってお手本を見せられるような運動や技が身についたら、すばらしいですね。

近い将来、子どもと向き合い、楽しく運動遊びを行う保育者になれるよう、学生生活を有意義なものにしていきましょう。

【注】

＊1　子どもの体力向上のための様々な取り組みが行われてきた結果、二〇〇〇年頃より体力が向上する傾向が見られている。しかし、体力の水準が高かった一九八五年のレベルまでは到達しておらず、さらなる取り組みの継続や改善が求められている。

【参考文献】

1) Yanagisawa H, Dan I, Tsuzuki D, et al. Acute moderate exercise elicits increased dorsolateral pre-

frontal activation and improves cognitive performance with Stroop test, Neuroimage, 50, 2010, 1702–1710.
2) Hillman C., Erickson K., Kramer A., Be smart, exercise your heart: exercise effects on brain and cognition, Nat Rev Neurosci, 9, 2008, 58–65.
3) 文部科学省「子どもの体力向上のための総合的な方策について（答申）」２００２年
4) ＮＨＫ放送文化研究所「国民生活時間調査」２０００年
5) 内閣府「第２回青少年の生活と意識に関する基本調査」２００１年
6) 森司朗・杉原隆・吉田伊津美・近藤充夫「園環境が幼児の運動能力発達に与える影響」『体育の科学』54巻第４号　杏林書院　２００４年　３２９–３３６頁
7) 文部科学省「体力向上の基礎を培うための幼児期における実践活動の在り方に関する調査研究報告書」２０１１年

第7章 障害のある子どもと共に学び、育ち合う保育

前嶋　元

共に遊び、共に育つ

1　障害のある子どもの保育を学ぶということ

みなさんは「障害」と聞いて、どのようなイメージをもちますか？　私は、ある短大で担当した「障害児保育」の授業の開始前と終了時とで、「障害」に対するイメージにどのような変化がもたらされたか、調べたことがあります。[1)]それによると、授業前には、「自分とは違う存在」「怖い」「理解できない」「過酷」などのマイナスのイメージが大半を占めていました。ところが、最終回の授業の際には、「よいイメージがもてた」「障害は個性だと思えた」など、プラスの方向への変化や、「健常児と同じ」「健常児と同じ感情をもっている」など障害を特別視しない方向への変化が見られました。さらに、「大変なことばかりではない」「考えの幅が広がった」などの変化も示されていました。

なぜこのような変化がもたらされたのかを同じ調査の結果から見ると、講義内容や事例により学習した知識や、映像で学習したことの影響が大きかったという回答が目立ちました。そのほかには、グループワークや障害者スポーツ大会などの授業外の実践があげられていました。いずれも、障害のある子どもと様々な方法で出会い、その存在に「気づき」、その生活を「知り」、共に過ごすあり方を「考え」「実践すること」で、考え方が変わっていったものと思われます。障害のある子どもの保育を特別な子どものための、特別な保育ではないという、保育の共通性に気づいたとも言えるでしょう。ここに障害のある子どもの保育を学ぶ意義があるのです。

こうした意義をみなさんにも実感していただくために、これからいくつかのお話をしましょう。

2 「障害」の疑似体験に挑戦

まず、次にあげた四つの簡単な課題に、順次取り組んでみましょう。

【疑似体験1】自分で確かめると安心！

①椅子を一つもち、二人組になってください。
②一人が立ち、目をつぶります。
③もう一人は、椅子を相手のすぐ後ろ（体に触れるか触れないかのところ）に置き、「座ってください」と声をかけます。

④目をつぶり、立っている人は座ります。

続いて、次のことを同じペアで、同じ役割でやってみてください。

①一人が立ち、目をつぶります。

②もう一人は、椅子を相手のすぐ後ろ（今度は体に触れるところ）に置き、「座ってください」と声をかけます。

③目をつぶり、立っている人は座ります。

いかがでしたか？　スムーズに座ることができたでしょうか？

椅子に座るという行動の中で支援される側にまわってみると、二回目のほうが安心して座れたのではないでしょうか？　つまり人は、「自分で確かめる」ことで安心感を得ているということなのです。

逆に、椅子を置いて声かけをするという支援する側の視点に立つと、少し感じ方が変わると思います。座ろうとする人の体に椅子が触れるか触れないかには、大きな違いを感じることができないと思います。むしろ、少し離したほうが座りやすいのではないかとさえ感じるかもしれません。

このように簡単な体験でも、両者の認識の違いが出てきます。この認識の違いが相手に不安な思いをさせてしまうのであれば、改善しなくてはなりません。保育者をめざそうとしているみなさんは、この違いに敏感になることが大切です。自分がよかれと思ってしたことが、実は子どもにとっては、大きな不安を抱かせることにつながる場合があることを、十分に認識しておきたいものです。障害のある子どもにとっては、この度合いがより大きくなる可能性があるのでなおさらです。

【疑似体験2】モグモグとゴックン

①二人一組になります。一人は食べさせてもらう人、もう一人は食べさせる人です。
②やわらかめで、大きめのスナック菓子とティッシュを用意してください。
③食べさせる人は、スナック菓子を相手の口にいっぱい入れてください。
※危険ですので、のどの奥には押し込まないようにしてください。
④食べさせてもらう人は、入れ終わったら、モグモグ（噛《か》む）してください。
※噛めない場合は、無理に噛まずにティッシュに出してください。

次は、一人で体験してください。

①かりんとうのような少し固めで細長いお菓子（以下、かりんとうと表記）を用意し

てください。

②かりんとうを前歯で噛み切りますが、まさに噛み切るその瞬間の舌の位置を確かめてください。

③噛み切られたかりんとうはどこに運ばれ、どのように細かくされますか？　舌はどのように動いていますか？　飲み込む（ゴックン）直前に、かりんとうはどこにありますか？　舌はどのように動いていますか？

※一度でわからない人は、何度かチャレンジしてみましょう。

いつものように、おいしくお菓子を食べられた人はいますか？　一回目の体験では、おそらく一人もいなかったと思います。

ここで体験していただいたモグモグ（噛み砕くこと＝咀嚼《そしゃく》）とゴックン（飲み込むこと＝嚥下《えんげ》）とに、大きな役割を果たしている体の部位は舌ですね。一回目の体験では舌が動かせない状態をあえてつくったので、うまく「モグモグ」「ゴックン」ができなかったのです。美味しくないはずです。

それに対して二回目の体験では、「舌」の動きをしっかりと感じとり、「舌」を器用に動かすことで、ものが上手に食べられることが実感できたと思います。「舌」が上手に動かせて当たり前だとの認識を変えることも必要です。障害とまではいかなくても、舌の動きが不器用な子どもは、噛んだり、飲み込んだりするのがスムーズにいかず、食べるのに時間がかかったりします。そのような子どもがいることも考えて、安易に「早く食べなさい」「しっかり噛みなさい」という言葉がけは禁物であることも覚えておいてください。

もう一つみなさんに気をつけてほしいのは、子どもによって、また発達段階によって、「一口大」と呼ばれる食べ物の大きさや、「モグモグ」「ゴックン」のスピードが異なるということです。このようなことをしっかりわきまえたうえで子どもを支援していくことが、「個に応じた支援」と言われるものではないでしょうか？

「個に応じた支援」ができる保育者は、子ども一人一人を大切にできる保育者です。そんな保育者とのかかわりによって子どもは安心感を覚え、自分の力を十分に発揮できる体験を重ねます。自信がつき、生き生きと育っていくことでしょう。

【疑似体験3】[2] 認識のズレと価値観の違い

利き手ではないほうの手を使って、次に示す絵をメモ用紙に一筆書きで「正確に」「できるだけ速く」書いてください。制限時間は三〇秒です。

　さあ、同じように書けましたか？　おそらく多くの人は難しいと思ったことでしょう。三〇秒という制限時間を知った瞬間に、やる気をなくした人もいるかもしれません。それは、自分に求められているものと、自分でできること（できると思っていること）や、やってみたいこととの間に、大きな隔たりがあることに起因するのです。この課題では特に、絵を描くことが苦手な人や、時間を制限されると焦ってしまう傾向のある人、あるいは課題そのものに興味がない人などは、難しさを感じる度合いが大きかったのではないかと思

います。

興味深いことに、保育の現場にも同じようなことが存在します。保育者の求めていることと子どものできること、したいこととの間に「ずれ」が生じると、課題に取り組む子どもの意欲を低下させるのは、その一例です。障害のある子どもの場合には、その度合いが大きくなる傾向にあります。

逆に言えば、子どもの意欲を育てるためには、保育者と子どもの間に存在する「ずれ」に気づくことが大切なのです。子どもが自信をもっていること・いないこと、興味のあること・ないことなどを、日々の保育の中で見つけていく努力を続けていけば、よい保育の実践に結びつくはずなのです。

ところで、この課題では、「より速く」「より正確に」描くことが求められていましたが、考えてみると私たちの社会では、「より速く」「より正確に」「より多く」のことができることに価値が置かれがちです。この基準を求めすぎると、とても生きづらい社会となってしまい、敵対関係すらもたらし、時には、助け合いとは正反対のつぶし合う社会となってしまう危険性すらあります。そのような危険性に気づかせてくれる事例を一つご紹介しておきましょう。

海外とも取り引きのある大手の会社では、なぜか社員間の関係がぎすぎすし、つぶし合いになり、業績が上がらなくなっていました。そこで、一計を案じた社長は、障害者の就労支援事業所で、社長を含む全社員の研修を行うことにしたのです。また、それとあわせて、その就労支援事業所に所属する障害のある方々を招き、会社の様子を見てもらう機会もつくりました。すると驚くことに、社員間で協力する気持ちが生まれ、人間関係がよくなり、業績が上がったのです。

みなさんも想像できることと思いますが、一般的な会社で社員に求められるのは、より速く、より正確に、より多くの仕事をこなすことです。しかし、そのような職場を一時的に離れ、就労支援事業所で働く障害のある方々の楽しそうな仕事ぶりに接したことが、自分たちの日頃の働き方を考えさせるきっかけになったのだと思います。

もしかしたらみなさんも、保育実習[*1]やボランティアなどに行くと、同じような経験をするかもしれませんね。障害のある子どもたちとかかわることは、日々の保育を見直すよいきっかけともなるはずです。

【疑似体験4】[3)] ヒントを下さい！

次の画像は何と書かれているでしょうか？

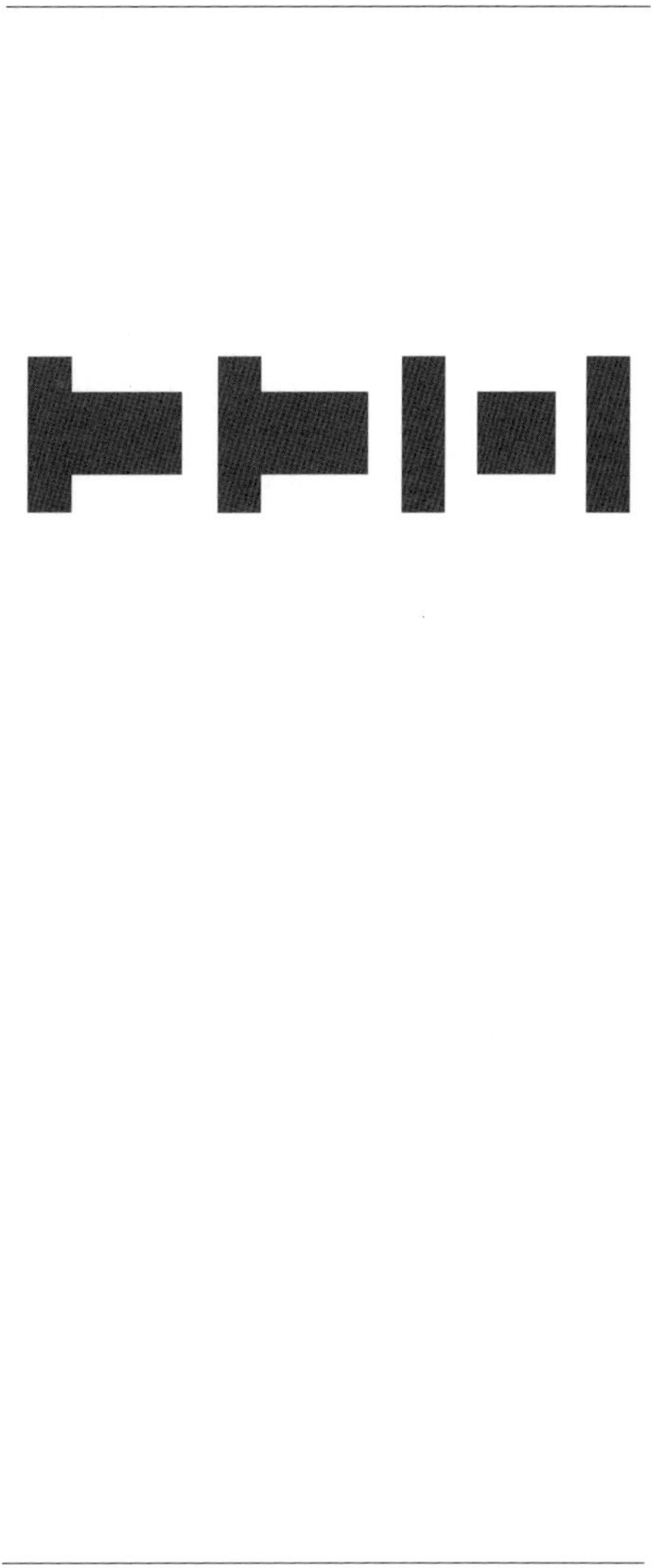

わかった人はいますか？　多くの人は首をかしげてしまうと思います。ヒントを出しましょう。上と下に横線を二本入れてみてください。文字が見えましたね。

お気づきのとおり、私たちは文字と言われると、黒を中心に考える傾向があります。しかし、「白で書かれているかもしれない」と思って見方を変えると、それまで見えなかったものが見えてくるのです。また、そのことに自ら気づくことが、喜びや楽しさにつながることも体験していただけたのではないでしょうか?

実は、子どもとのかかわりにも同じようなことがあります。

例えば、「落ち着きがなく、言うことを聞かない子ども」も、見方を変えれば、「どうしたらよいのかわからず困っているために、動きが多くなっている子ども」ととらえることができると思います。保育者が子どもの見方を変えることで、新たな保育の道筋が見えてくることは、たくさんあるのです。また、保育者があらかじめ用意した答えを、すぐに子どもに教えてしまうことで、子どもが自ら考え、答えを見つけていく喜びを奪うようなことも、ありがちなことです。

ところで、この課題で上下に二本の線を引くというヒントを与えられる前と後で、みなさんのもっている能力は劇的に変化したのでしょうか? そんなはずはありませんね。一瞬で能力が上がるはずなどないのです。

ではなぜ、見えなかったものが見えるようになったのでしょうか? それは、「二本の線を引く」というヒントを出すことによって、理解を助けるための環境がつくられたからなのです。このことを「環境調整」と呼びますが、これは保育の場面でも大変重要な意味をもちます。この「疑似体験4」でみなさんが体験したように、それまでわからなかったことがわかるようになる喜びや快感を子どもたちが味わうためには、単におもちゃや課題を与えて放っておくのではなく、子どもの理解が進むヒントを用意することが必要だということなのです。

この逆の状態が子どもの問題行動です。実際に、保育所などの巡回相談をしていると、A先生に対しては素直なのに、B先生の前では反発してくる子どもの話をうかがうことがよくあります。お絵描きをする時は集中できるのに、読み聞かせをしようとするとじっとしていられないという子どもの話も聞きます。前者は保育者の働きかけが、後者は保育の活動内容や方法が、子どもの理解につながりにくい状況をつくり出していることが、問題行動につながっていると考えられます。保育者がヒントを得てそのことに気づき、環境調整をすることが求められる場面です。

3 障害のある子どもの保育に関する事例を通して考えよう

以上四つの疑似体験から、障害のある子どもの保育に必要とされる視点や考え方を理解していただけたと思います。ここからはもう少し違った角度から、保育者がなぜ障害のある子どもの保育を学ぶのかを、四つの事例を紹介しながら考えていくことにしましょう。

まず、幼児が障害というものを理解するための指導を、どのように行うことができるかを示します。

【事例1】[4)]

幼稚園の年長の女の子五人を一グループとして、グループに車いすの人形一体と障害のない人形四体の計五体の人形と、ブラシやコップ、カバンなどの小道具を渡して、自由に遊んでもらいました。子どもたちは、最初のうちは、もの珍しさから車いすに関心を示しましたが、しばらくすると飽きてしまいます（写真7-1）。

しかし、人形で遊んでいた子どもたちに、車いすでどのようなことができるのか、どのような工夫をしたら自分と同じように生活できるのかを伝えたところ、遊び方が全く変わりました（写真7-2）。車いすの人もおしゃれをしてデパートに行くという設定にしてみたり、食事をつくって食べる真似をしてみるなどの活動が見られました。

この事例からわかることは、車いすの人形がどのような生活をしているのかが想像できないと遊べない（かかわれない）ということです。子どもたちのままごと遊びには、日常の生活体験が表れると言われていますので、車いすに触れたことのなかった子どもたちの

写真７－１　車いすの人形（写真左端）が輪の外に追いやられてしまっている様子

写真７－２　車いすの人形で楽しく遊んでいる様子

ままごと遊びに、車いすにかかわる場面が出てこなかったのも、当然と言えます。現実の世界で、車いすの子どもが入園してきた場合にも同じことで、周囲の子どもたちがその子どもと自然にかかわれるようには、なかなかなりません。そのまま放置すれば、車いすの子どもが孤立してしまうということになりかねませんので、保育者がモデルとなり、一緒にかかわり遊ぶ方法を伝えていくことが重要となるのです。

では次に、保育者がどのように保護者を支援すべきかについて考えてみましょう。

【事例2】[5]

幼稚園で多動性のある年長児六歳。この子を担任する先生は、卒園前のお母さんとの面談の際、「発達障害のおそれがあります。小学校に上がるのが心配です」とアドバイスをしました。そのお母さんはとても真面目で、先生に言われたことをしっかりと受け止め、小学校に入るまでに治さなくてはいけないと家で子どもに向き合いました。しかし、子どもは言うことを聞いてくれません。

ある日、お母さんは追い詰められていき、「言うことを聞かないと殺すわよ」と包丁をもち出して子どもに迫りました。しかし、子どもは「お母さんのバカ」と言いました。真面目なお母さんは、その言葉にショックを受けて思わず刺してしまい、子どもは亡くなってしまいました。
三カ月ほどたって裁判の経過で出てきた話では、息を引きとる直前に、その子どもが苦しみながら「お母さん、ごめんね」と言ったというのです。

これは、保育者の何気ない一言が、真面目なお母さんを追い込んでしまい、子どもの命を奪ったという実話ですが、この保育者に悪気があったわけではもちろんないと思います。もしかしたら、子どもの育ちには一貫した支援が必要だと考え、幼稚園での指導と家での指導を統一したかったのかもしれません。その意図とは全く反対の方向に進んでしまいました。それは、その保育者が保護者の気持ちに寄り添えなかったことが、大きな要因ではないかと思えます。

確かに、子どもに対して幼稚園でできることと家庭でできることが一致しているのが理想です。しかし、それぞれの家庭にはそれぞれの事情もあります。例えば、父親は単身赴任で、祖母と母親と子どもの三人暮らしという家庭もあるでしょう。その祖母が認知症ということすらあり得ます。そのような個々の事情を把握したうえで、保護者がゆとりをもちながら笑顔で子どもと接することのほうが、幼稚園の方針を家庭に一方的に押しつけようとするより、効果的だと思うのです。特に、障害のある子どもを育てている保護者は、家庭で苦労している場合が多くあります。そのような気持ちにしっかり寄り添うことが本当の保護者支援であり、そのことが子どもの最善の利益につながる支援なのです。

言うまでもなく保育者の任務は、子どもの命を守り、子どもの育ちを支援することですが、それと同時に保護者の支援にも大きな役割を担っていることを忘れてはなりません。しかし、子どもの利益につながらない保護者支援は、この事例のような危険性を伴うということを是非、知っておいてください。

三つ目の事例は、学生の保育実習（施設）の体験記です。

【事例3——実習報告記録より（医療型障害児入所施設（旧重症心身障害児施設））】[6)]

先日、グループ療育[*2]の時間に、保護者の方が泣いているのを看護師長が慰《なぐさ》めているシーンを見かけました。……中略……泣いていたのは通園（の部）に通っている保護者の方で、先日、お子さんが亡くなったそうです。通園（の部）では写真をたくさん撮っているので、よい写真をもらいに来た、と。たくさんの管（食事、呼吸、排泄《はいせつ》などのための医療的処置）が通っていて、けれど反応を見せてくれる子でした。重症心身障害児はほんの少し体調を崩すことが命にかかわると教えていただきました。頑張る保護者を支えることも大切だとおっしゃっていました。たった二日間のかかわりでしたが、大事にかかわり、抱っこした重みが残っています。苦しい気持ちが残った実習となりました。

（（　）内筆者加筆）

この学生の体験は、保育者が子どもの命に向き合うという大きな役割と責任をもっていることを教えてくれていますね。そのことを意識して子どもと向き合い、かかわることが、実習生にも求められているのです。

最後に、もう一人の実習生の体験記を紹介しましょう。子どもとかかわり合いを深めるために必要な、言葉以外のコミュニケーションの重要性を教えてくれます。

【事例4――実習報告記録より（医療型障害児入所施設（旧肢体不自由児施設））[7)]】

ある男の子ですが、「あー！」しか話せなくて、でも自分のやりたいことは伝えたそうにしていて、わかってあげられないことがとっても苦しかったです。けれど、わかってあげられない時間に私が困惑していると、男の子の「あー伝わらない！　もどかしいっ！」という苦痛が増えるだけな気がして、「わからないことはわからない！　だから知ろう！　教えて！」スタイルへ変更しました。とにかく「これ?!　こっち?!　違うんかーい！」というふうに、探ることを楽しみました。その結果、びっくりするくらい落ち着いてくれました。私を見ると反応して、「あーー！　あーー！」って言ってくれるようになりました。空気ってすごいな……。（原文まま）

子どもに言葉がうまく伝わらない場合には、どのようにコミュニケーションをとってよいかわからず、途方にくれてしまうことがあるようですね。三歳未満の子どもに対して苦手意識をもつ学生には、言葉が通じないかもしれないという不安があるのだと思いますが、この不安は子どもに伝わるものです。この事例の先輩のように、子どもとのかかわりを楽しむ前向きな姿勢をもつことが大切です。そのことが子どもにも伝わり、お互いの気持ちの安定につながるのです。実習の中でこのようなことに気づく体験をすることが、保育者としてのベースになると思います。

保育実習（施設）は、みなさんが保育士になるために必ず行わなければならない実習ですが、そこでの学びは、事例3、4が示すように、障害がある・なしにかかわらず保育全般につながる学びです。二〇一六年四月に「障害を理由とする差別の解消の推進に関する法律」（略称「障害者差別解消法」）が施行されたことにより、地域の保育所、幼稚園、認定こども園に、障害のある子どもが入園してくるケースも増えてくることが予想されますので、みなさんが卒業後にどこに就職したとしても、障害のある子どもとかかわる可能性があると考えてください。よい保育者になるため、保育実習（施設）を充実したものにしてください。

4　障害のある子どもの心と体の育ちを支えるために

以上四つの事例から、障害のある子どもの保育の中に、保育所や幼稚園などで行われる保育における重要な視点や考え方が隠されていることを理解していただけたと思います。ここからは、子どもの心と体の育ちを支えるうえで、障害のある子どもの療育では昔から行われてきている連携による「一貫した支援」について考えてみようと思います。

（1）障害のある子どもとのかかわりで困ったときは？

みなさんは、障害のある子どものことで困ったら、どうしますか？　本を読む。同僚、主任や園長に相談する。研修に参加するなどでしょうか？　では、それでもわからなかったら、どうしますか？

一つキーワードを知っておいてください。「児童発達支援センター」です。ここは障害のある子どもの幼稚園のようなところで、障害のある子どもへの教育・保育と医療、心理、福祉などをトータル的に行う療育機関です。毎日利用している子どもばかりではなく、普段は地域の保育所や幼稚園に通っており、週一回程度あるいは月一、二回程度通所する子どももいます。これに加えて、施設の有する専門機能を生かして、地域の障害のある子どもやその家族への相談（相談支援事業）、障害のある子どもをあずかる施設（保育所、幼稚園など）への援助・助言（保育所等訪問支援事業）なども行っており、いわゆる地域の中核的な療育支援施設です。

現在、教育、保健、福祉のそれぞれの行政が、子どもの年齢や発達段階に応じた事業を別々に実施している状況が多く見られます。先日、ある地域で私は保健センターの子育て講座の講師を務めましたが、同じ時期に子育て支援センターの子育て講座が別の講師で行われていたと聞きました。「これも合同で系統だった講座をつくれば、子どもとその家庭への支援にさらに役立つのに」と思ったものです。

障害のある子どもの保育の質を高めていくうえでは、地域の関係機関が連携し、一貫した支援を継続的に行っていくことが必要です。障害のある子どもは、ここがうまくいかないと不安をもちやすく、日常生活が安定して送れないことがあります。そういった点では、保育所や幼稚園、児童発達支援センターの保育者が連携し、一貫した支援を実現していくことはとても重要なことです。

（2）今を楽しく生きるには「これまで」と「これから」が重要?!

みなさんは、乳幼児期の「こんにちは赤ちゃん事業」「一歳半健康診査」「三歳児健康診査」などは知っていますか? 障害や虐待の疑いのある、いわゆる支援が必要な子どもとその家庭を早い時期に発見し、支援をしていくために、保健センターの保健師を中心に取り組まれているものです。しかし、実際にはそこから支援につながりにくいという課題も少なくありません。課題解決に向けて、参加しやすい遊びの広場や子育てカフェなど、いわゆる子どもが思いっきり遊べ、親もくつろげるというように、親子が訪れたくなる場をつくっていく試みが少しずつ始まっています。そこを支えるのは地域の保育者です。親子はやがて地域の児童発達支援センター、保育所、幼稚園などに通うことになります。早期にかかわりのあった場所で出会った保育者が、次に通うであろう場にいることは親子の安心につながり、育ちの支えになります。

障害のある子どももない子どもも、環境が変わることで不適応を起こすことがあります。保育所や幼稚園、児童発達支援センターから小学校や特別支援学校へ入学する時期も、子どもたちにとっては大きな環境の変化であり、障害のある子どもや変化に敏感な子どもは、大きな不安を抱きます。[*3] 不安によって、子どものこれまでの育ちが一時停止してしまったり、後退してしまったりすることもあり得ます。このような不安を少なくしていくために、保育者と教員との間で引き継ぎをしっかりしてつながりをつくっていくこと、保育所や幼稚園、児童発達支援センターでかかわった支援者が、小学校、特別支援学校に行ってもかかわることができる仕組みをつくっていくことが大切です。前者は「一貫したかかわり」をしていくという点、後者は「継続性による親子の安心感」という点でそれぞれ重要です。今を楽しく生きるには「これまで」と「これから」が重要なのです。

乳幼児期からの自然なかかわりの中でつながり、支援をしていくために、私は現在、小・中学校を中心に配属されているスクールソーシャルワーカーという存在に注目しています。この職種は、子どもやその家庭と、保健師、保育者や教員などの支援者、あるいは保健センター、保育所、幼稚園、児童発達支援センター、小学校、特別支援学校などの支援

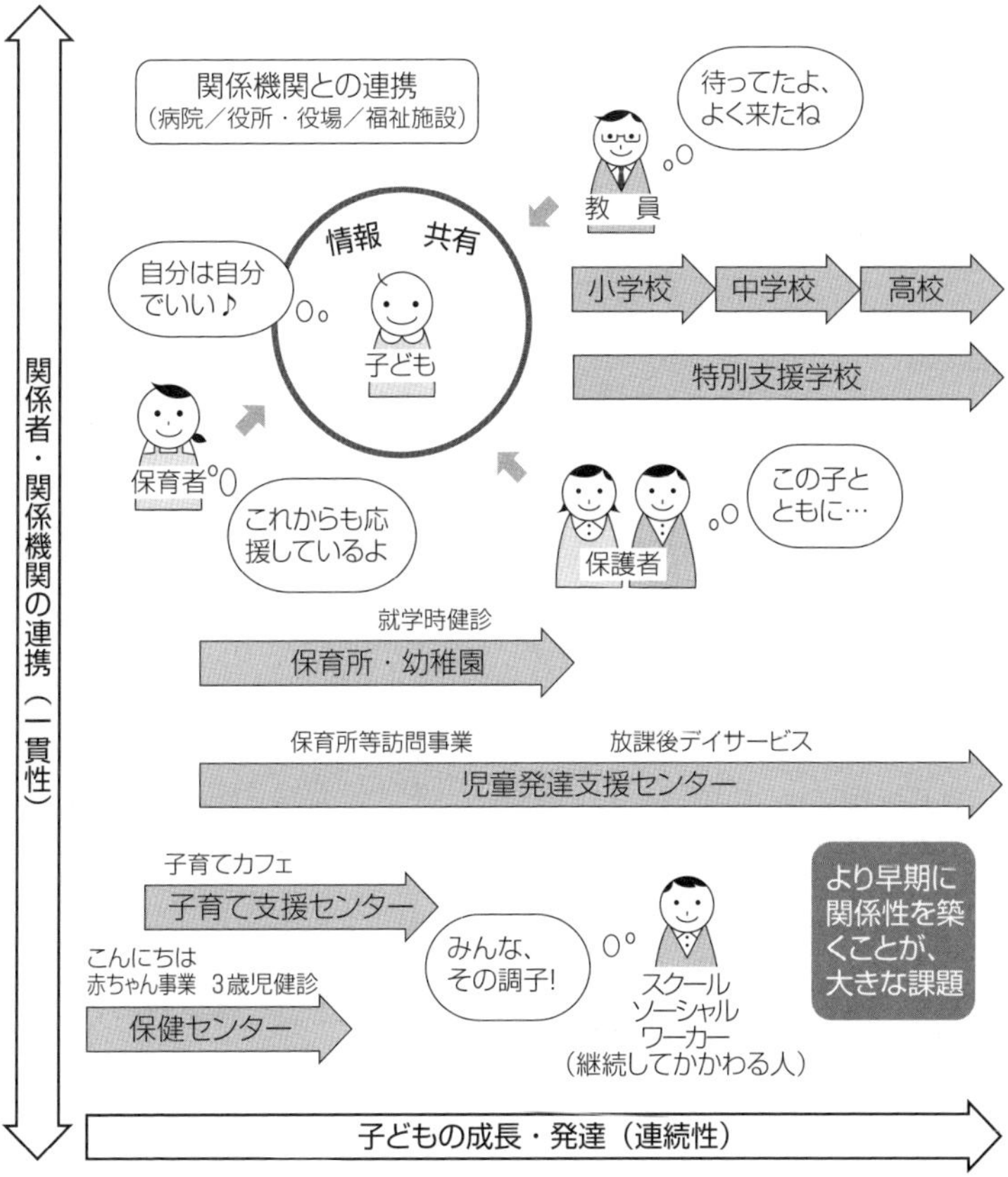

図7−1　「子どもの最善の利益」を保障する乳幼児期からの保育におけるソーシャルワーク実践

機関との間に存在しがちな「連携」の悪さを調整する大きな役割があります。[8] また、子どもの最善の利益をめざして、子どもや保護者の気持ちに耳を傾け、寄り添いながら、共に考え行動するという役割もあります。この実践をソーシャルワーク実践と言います[*4][9]。[10] 当然のことですが、「子どもの最善の利益」を保障するために、図7-1のように乳幼児期からの保育におけるソーシャルワーク実践を行っていくことは、とても大切なことです。

5 子ども一人一人のよりよい保育・教育をめざして

これまで述べてきたとおり、保育者には、ずいぶん難しいことがたくさん求められています。また、大きな責任と役割があり、萎縮してしまうかもしれませんが、逆に、それほどの役割を担う仕事に就いていることに誇りと自信をもち、日々、自分を磨くことに心がけてください。人を相手にする保育は、うまくいかないことの連続です。しかし、障害のある子どもの保育をしっかり学んでいくことにより、何が保育者に必要とされているのかが理解できるようになり、子ども一人一人のよりよい保育・教育ができるはずです。これから出会う子どもたちの笑顔のために、学生時代には是非、自分自身を知るように努め、子どもの行動を観察し、分析する力を養ってください。短大で学ぶ障害のある子どもの保育に関する科目、そしてボランティアや保育実習に目的意識をもって取り組むことで、子ども一人一人を丁寧に見ていき、子どもの可能性を感じとり、育てる力を磨いていけると思います。

【注】

＊1　保育士になるには、保育所実習一〇日間程度と施設実習一〇日間程度が必修です。そのほかに就職先に応じて、あるいは、学校のカリキュラムに応じて、保育所実習あるいは施設実習が一〇日間程度あります。施設実習は、大きく分けて養護系と障害系の施設に分けることができます。いずれも、発達障害の子どもの入所も増えているようです。

＊2　療育とはもともと医療と教育・保育を一体的に行うことを意味する言葉。障害のある子どもの施設では、療育が保育の柱です。

＊3　保育所や幼稚園、認定こども園から小学校に上がり、大きな環境の変化で戸惑い、小学校一年生で学校不適応を起こすことを「小1プロブレム」と言います。

＊4　スクールソーシャルワーカーが、保育所、幼稚園から小学校への移行期へかかわっている自治体では、一定の効果が報告されています。

【引用・参考文献】

1)　前嶋元「障害児保育の授業を通した障害理解教育の意義と課題―学生のレポート分析をもとに―」『常磐短期大学研究紀要』第41号　2013年　73-81頁

2)　東京LD親の会連絡会ホームページ　学習障害（LD）児等指導資料「学習障害（LD）その理解

と指導―一人一人の個性を大切に―」世田谷区教育委員会　1999年
http://tokyold.web.fc2.com/setagaya/002.html
3）前掲書2）に同じ
4）筑波大学生活支援学研究室ホームページ
http://ktokuda.la.coocan.jp/
5）田口教育研究所編『発達障害・不登校のための新しい学びの場2013』日本評論社　2012年　25頁
6）前嶋元「生活施設の子どもたちへの理解を深めよう―利用児・者の生活―」浦田雅夫編著『考え、実践する施設実習』保育出版社　2015年　20-23頁
7）前嶋元「障害児入所施設（旧肢体不自由児施設）での実習」浦田雅夫編著『考え、実践する施設実習』保育出版社　2015年　76-79頁
8）前嶋元・田中謙・高柳洋子・佐久間とも子・根本千勝・吉田清子・梶原隆之「特別支援教育の推進におけるスクールソーシャルワーカーの役割と課題―幼小接続の視座から―」文京学院大学教職課程センター編『文京学院大学教職研究論集』第6号　2015年　23-39頁
9）前嶋元・梶原隆之「特別支援教育充実へ向けた幼保小連携におけるスクールソーシャルワーカー活用の意義と課題に関する検討―A市のスクールソーシャルワーカーおよび行政担当者へのインタビュー調査を通して―」『文京学院大学人間学部研究紀要』第15巻　2014年　199-214頁
10）前嶋元「幼児期の特別支援教育充実のための地域連携の必要性とその課題―B市スクールソーシャルワーカーへのインタビュー調査を中心に―」『東京立正短期大学紀要』第43・44号　2016年　283-290頁

第8章

保育者のタマゴのシュウカツ

紙透雅子

元気な子どもたちに囲まれて

1 短大を取り巻く就職状況と今後の見通し

ここ数年、大学を出ても就職が難しいとされる時代が続いています。保育者の養成校に入学を希望される方々やそのご家族には、保育士の資格や幼稚園教諭の免許を手にすれば、その就職も有利になるのではないかとの期待があるのではないでしょうか。事実、私の勤務する短大の保育士・幼稚園教諭を養成する学科では、一〇〇％近くの就職率を堅持し続けていますし、保育者の需要が減少していくとは考えにくい社会情勢ですので、今後も類似の状況が続いていくことが予想されるわけです。しかも二年間で幼稚園教諭二種免許状と保育士資格をあわせて取得できることは、大きな魅力です。

気になるのは、二〇一二年八月に成立した子ども・子育て関連三法により、認定こども園への切り換えが進み、[1)] 保育所と幼稚園との境目の薄くなる傾向が、今後ますます強まっていく見通しにあることです。このことを受けて、幼稚園教諭一種免許状の取得課程が設けられている四年制大学でも、保育士資格をあわせて取得できるように、カリキュラムを変えるところが増えると予想されます。ですから、今後短大のみなさんは、四年制大学の学生と競合しながら仕事を見つけていくという構図が拡大していきますので、これまで以上に気持ちを引き締めていく必要があるでしょう。また、学生たちが短大で何をどこまで学んで社会に出たらよいのか、教員の側も真剣に考えねばなりません。

さらに、世の中全体の流れとして、教員免許の取得には四年ないし六年間の勉強を必要とするという考えが強まる傾向にありますので、将来的にいつまで短大で保育士・幼稚園教諭の養成課程を存続できるか、疑問符がつくのも事実です。

このような時期に、みなさんが保育関係の職業をめざして就職活動を行うにあたり、どのような心構えでいたらよいのでしょうか。就職活動は、短大に在籍するほとんどの方にとって人生初の経験であり、社会に出る直前の大きな試練と言っても過言ではないでしょう。私がこれまでに経験した就職指導の例なども交えて、以下にお話ししていくことにします。

2 保育士か、幼稚園教諭か

保育所や幼稚園での実習を終えてみなさんが考えるのは、保育士になろうか、それとも幼稚園教諭になろうかということではないかと思います。どちらにもそれなりの楽しさや厳しさがあり、大いに悩むのは当然のことと言えましょう。

就職活動の現実的な作戦として、私が学生に伝えているのは、保育所でも幼稚園でも、通勤圏に入るところならどこにでも行くという心構えでいることが、内定を早くいただくための近道であるということです。とても大雑把な言い方かもしれませんが、実はこれが、悩まずにシュウカツの第一歩を踏み出すコツなのです。

すでに述べたように、認定こども園が増加するなど、これからは保育所と幼稚園の区別がなくなっていく時代ですから、現時点で保育所と幼稚園の違いであれこれ悩むよりも、通勤時間や給与・加入保険などの待遇、園のもつ保育・教育の方針や特色といったことに目を向けて選んでいくことのほうが、より現実的ではないかと思うのです。

実際、保育所で何年か勤務した後、幼稚園に移るという方も存在します。それに、おそらくほとんどの方は、最初に就職した園に骨を埋めるわけでもないと思いますので、その辺りの選択は、少し肩の力を抜いて、具体的に求人票を見ながら考えることをお勧めします。認定こども園に就職する場合には、自ずと両者への対応が求められるわけですから、明確な線引きの必要性は、さらに低くなるでしょう。もちろん、特に幼稚園へのこだわりや、保育所の二歳以下の子どもへの思い入れが強い方は、すでにある程度の方針が定まっているわけですから、その先は、求人票を見て、採用試験を受ける園を具体的に決める作業に移ればよいのです。

一口に保育所、幼稚園と言っても、園によって様々な特徴があり、どちらが自分に合っているかなどということを一概に決められないところがあると思います。そもそも自分に合う仕事とは何なのか、それに対する答えなど簡単に出ないところに、就職活動の難しさがあると思うのです。

私が冗談まじりによく学生たちに言うのは、「シュウカツは一種の賭けのようなものである」ということです。真面目な就職活動を茶化しているように思われるかもしれませんが、内定をいただいた保育所や幼稚園でうまく仕事をしていけるかどうかは、実際に働いてみなければわからないことだと思うのです。友達が自分の狙っていた幼稚園に内定したのを見て、うらやむ気持ちを抑えられずにいるような学生を見かけることが時折あります。しかし、その時にはあまり気の進まなかった保育所に就職した方が、思いのほかに楽しさを見出し、生き生きと働くようになっていくケースは、決して珍しくはないのです。学生の時のあの悩みは、いったい何だったのかという具合です。逆に、長年憧れていた幼稚園に内定が決まって意気揚々と仕事を始めたものの、思い描いていたのと全く違う現実に直面し、すぐに退職する不運な事態に至った方も存在します。

若いみなさんにとっては、仕事に、あるいは職場に何を求めるかということも、はっきりとしない場合が多いでしょう。学生として抱いていた考え方も、仕事を続けていくうちに変わっていくということは、大いにあり得ることです。いやむしろ、変わっていくのが当然でしょう。

みなさんの夢を打ち砕くようですが、この際、理想の職場などというものは、この世に存在しないと割り切り、人生における大きな賭けに身を投じてみるのがシュウカツなのだと考えてみてください。少しは気持ちが軽くなるかもしれません。あなたを受け入れてくださった職場で、とりあえずチャレンジしてみるという気持ちがもてるかどうかで、その後の人生も変わってくるはずなのです。明るく元気に進みましょう。

3　求人票による検討

保育所や幼稚園、認定こども園、児童養護施設などからの求人票は、早いところで夏休み前に大学に届きますが、大半は九月以降です。企業の求人の出方と比べてずいぶん遅いので、心配になるかもしれませんが、翌年度の在籍園児数の見通しがつき、必要とされる職員の数を把握したうえで求人を出すところが多いので、そのような傾向となるのです。この大まかな流れを、まず理解しておきましょう。

お目当ての園から求人が来ないので電話をしてみたら、「まだわからない」「求人は出さない」と言われ、途方に暮れてしまう学生を毎年のように見かけます。考えてみてください。「絶対○○幼稚園に就職したい」と力んでも、その幼稚園から求人が出なければ、少なくともその年度はあきらめるほかありません。就職戦線には、あくまでも売り手と買い手が存在し、その両者の思惑がうまく一致した時に、雇用契約が成立する仕組みなのです。就職先を検討する際、少し幅をもたせて考えておくことが必要なのは、このためです。

また、保育の分野では、買い手である保育所や幼稚園側のほうが、強い立場となる傾向があります。考えてもみてください。いかに保育士資格や幼稚園教諭免許の取得見込みとは言え、みなさんは保育現場での経験が全くない新米「センセイ」となるご身分です。保育の現場では、そのような方々を将来的な戦力として、時間をかけて育てていく価値があるか否かという視点で人選するのですから、それなりに厳しい目で見られることは覚悟しておくべきなのです。

こうした前提に立って、保育所や幼稚園側が提示する雇用条件を詳しく記載したものが、求人票です。所在地、連絡先、給与・諸手当、勤務日数・時間、在籍する職員の数、採用試験の期日や内容など、みなさんにとって必要不可欠な情報が明らかにされていますので、きちんと把握するようにしましょう。

件数としては僅かですが、求人票を提示せず、実習に来た学生などに直接声をかけ、勤務条件を具体的に示すことなく内定を通知する園が、時々見られるのも事実です。このような場合には、正規職員なのか非常勤職員なのかという雇用形態や基本給などは、最低でも提示していただくように、丁寧にお願いをすべきだと思います。自分自身で申し出がしにくい場合には、そのような依頼を大学の側から先方の園にすることもできますので、内定を受諾する前に、学内の教職員に相談されることをお勧めします。雇用年数に制限のない常勤職員と思い込んでいたら、実は一年契約の臨時職扱いであったというような思い違いは、それこそトラブルのもとですので、特に注意が必要です。

そのほかにも気になる点があったら、先方に失礼のないように、質問の仕方とタイミングに気をつけてお尋ねするというのが基本です。ただし、「ご縁があれば働かせていただきたい」という前向きな気持ちや、「未熟だが一生懸命仕事をさせていただきたい」という謙虚な気持ちを、決して忘れないでください。

ありがたいことに、ピーク時には一週間でもかなりの数の求人票が大学に届きます。その中から、検討中の地域にある園から出された求人票を選び、その写しを手に入れてください。学内に掲示された求人票を見逃したり、行動を起こすのが遅れたりすると、チャンスを逃すことにもなりかねませんので、求人票のチェックは毎日したほうがよろしいでしょう。

幸運にも、ずっと憧れていた園や、すでに見学をしていた園から求人票が来れば、受験するか否かの判断を即座にすることになるでしょう。採用期日を確認し、必要な出願書類を整え、先方の指定する方法で提出しましょう。同時に、試験の内容や方法を確認し、準備を進めることは言うまでもありません。

しかし、誰もがそう簡単に受験を決めることができないのが、シュウカツです。求人票は来たけれど、本当にその園を受けてしまってよいものか、後になって、もっとよい条件の求人が他の園から出るのではないかなどと、決断しかねる場合も多いことと思います。

例えば、採用されたら勤務可能な二つの園から、同時に求人が出たとしましょう。その際に決断の材料となるのが、求人票です。入手した二枚の求人票を机の上に並べ、両者が提示する条件を、同じ項目ごとに比較してみてください。A園はB園よりかなり基本給が上回るが、通勤に時間がかかる。A園はB園に比べて園児が多い。A園の採用試験には、苦手なピアノの初見視奏が含まれているが、B園は面接だけ、といった具合です。

このようにして、できるだけ客観的に条件を整理していくことにより、自分がどのような要素を優先して就職先を決めようとしているのかを、冷静に分析してみましょう。給料がよいのが一番と考えるならば、ピアノの練習を一生懸命にして、A園にチャレンジする気持ちが出てくるのかもしれません。自宅から遠いと毎日通勤する自信がないという不安のある方は、B園を受験してみることになるでしょう。人それぞれです。要は、自分で考えたうえで、納得できるかどうかです。

もちろん、求人票の比較検討だけに頼って最終的な決断をすることは、難しいことですので、まだ先方の園をよく知らないという場合には、あらかじめ日時の約束をとり、見学をさせていただくことが必要でしょう。実際に足を運んでみると、その園の雰囲気などがわかると思いますし、求人票の記載事項の中で質問しておきたいことがあれば、その機会を利用して確認することも可能です。

自ら動いて、自らの進路を開拓していくということは、大変なことではありますが、なかなか気持ちのよいものですよ。少なくとも、人生に対して後ろ向きになっていないということですからね。頑張りましょう。

4 通勤時間は短いほうがよいのか

先ほども例にあげましたが、就職先を探す際、できるだけ自宅の近くにあって、通勤時間が短いことを重視する方が少なくないように思います。仕事に慣れるまでは特に、睡眠時間をしっかりと確保できるようにしたいと思うのは、無理もないことです。極端な話ですが、自宅から園舎が見えているような近さの園に就職を決め、「ぎりぎりまで寝ていられる」と喜ぶ方も時々見かけます。職員用の寮が用意されている場合なども、これに近いケースと言えるでしょう。

意地が悪いようですが、メリットの裏には必ずデメリットが隠されているのが現実です。と言うのは、職場と接近したところに住むということは、仕事から切り離されない環境に、四六時中身を置くことを意味します。保育所・幼稚園の場合には、園児たちも大方は近所に住んでいるわけですから、退勤後も休日も、園児や父兄の方々とお目にかかる機会があるということを、頭に入れておかねばなりません。折角のオフの日には、思い切り羽を伸ばしてストレスを発散したいと思うのが自然ですが、このような環境で、果たしてそれがうまくいくでしょうか。近所のスーパーに買い物に行く度に、園児や父兄の目が気になってしまう。こちらは気がつかなくとも、翌日幼稚園で、「先生、昨日○○公園にいたでしょ」などと言われたりする。勤務時とは全く雰囲気の違う服装やメイクでリラックスする姿をどこからか見られている。そのようなことは特に気にならないという方はよいのですが、「いつも監視されているようで窮屈だ」と感じるような場合には、少し自宅と勤務先との距離をとることをお勧めします。それは、新鮮な気持ちで、仕事をしっかりと続けていくためには、誰でも、自分なりにのびのびと過ごす時間と空間が必要だからです。

一つの目安としてあげられるのは、通勤時間片道一時間以内を選択の範囲にしておくということです。もちろん、地理的な条件や通勤手段、交通事情などによっても変わってきますが、片道一時間の通勤時間は、かなりの範囲を意味します。要は、ある程度ゆるめの基準をもったうえで、就職先の候補を絞っていくことが、みなさんの選択を容易にするということなのです。お試しください。

5 保護者が怖い、先輩が怖い

最近の学生たちが気にすることの一つに、子どもの保護者への対応があります。テレビドラマなどでも、ひと頃盛んに取り上げられていましたが、学校や幼稚園での物事の進め方などに対し、不条理な苦情を持ち込んで、容易に引き下がろうとしない保護者の存在です。けれども、「あんなお母さんに怒鳴り込まれたらどうしよう」と、仕事に就く前からおびえていては、シュウカツもうまく進めることはできませんね。月並みですが、「案ずるより産むが易し」という言葉を、みなさんに贈りたいと思います。

保育士や幼稚園教諭は、子どもたちを介して、大勢のいろいろな考え方のおとなと向き合っていますが、実際その仕事に身を置いてみなければ、その大変さもわかりませんし、どのように対応したらよいかということもわからないのです。突き放した言い方ですが、やってみるほかはないのです。

人々の考え方や物事のとらえ方は、時代と共に変わっていくのが常です。私たち年配者の目からすれば、みなさんも、ひと昔前の学生とは、かなり行動の仕方も考え方も変わってきているように思います。若いお母さんたちも、同じように変わってきているのです。新米の先生を見て不安が先立ち、つい意地悪な言葉や視線を向けてしまう。自分の子どもがほったらかしにされているのではないかと、猜疑心《さいぎしん》を抱く。どれもみな、自分の子どもがかわいいという気持ちから生じることではないかと思うのです。

そのような保護者の気持ちを汲み取り、適切な対応ができるようになるまでには、かなりの経験を要します。そのため大概の園では、そのような難しい対応までも、新米の先生にすべて任せるということは、まずあり得ないでしょう。経験豊かな園長や主任クラスの先生が絶えず気を配り、事あれば、代わりに対応を買って出るような組織づくりがなされているのが普通です。

肝心なことは、いろいろな考えをもった人々と向き合うことを恐れず、コミュニケーションをとり続けていくことです。付き合いにくい人が来たと言って逃げていては、いつまでたってもお互いを理解し合うことはできないからです。

同じことは、職場の先輩や同僚との付き合いにも言えます。就職が内定しそうだという時に、「気の合わない先生がいたらどうしよう」という不安の声を漏らす学生がいます。そういう方には、「まだお付き合いもしないうちから心配していても、しょうがないですよ」と声をかけることにしています。あるいは、「何人かは必ずウマの合わない人がいると思っていれば、間違いありませんよ」とお話すると、「そんなものかしら」と、少し心が落ち着くようです。

考えてもみてください。これから就職しようとしている幼稚園に、どんな先生がいるのか、わからないのが普通です。「面接に出かけていったら、とても怖そうな先生がいた」などと報告する学生もいますが、たかだか五分や一〇分の面会だけで本当の姿がわかってしまうほど、人は単純な生き物ではありません。怖そうに見えて、本当は若い方々のことを親身になって考えてくださる方なのかもしれません。優しそうな物言いでも、他人に無関心という場合だってあるのです。それがわかるには、かなりの時間がかかることは、みなさんも日頃の経験からご存知ですよね。

間違えないようにしましょう。みなさんは保育所や幼稚園に、仕事をしにいくのです。仲良しクラブに入って、毎日楽しく遊ぶのではありません。ウマの合わない人とも何とか帳尻を合わせて、一緒に仕事をしなければならないのです。先輩から嫌みを言われたり、厳しく叱られたりすることもあるかもしれませんが、それも仕事の一部だと考えてください。

「私のことを理解してくれない」と嘆く前に、自分のことをまわりの方々に理解してもらえるように、心を開いてお付き合いしてみることです。そうすれば、みなさんを理解しようとしてくださる人や、みなさんのよさを認めてくださる人が、徐々に増えていくことでしょう。

最初からすべての人に受け入れていただけるような職場はないと思って、謙虚な姿勢で学んでいくことです。その覚悟ができるか否かが、みなさんのシュウカツのカギと言えるでしょう。

6 保育職は楽しいの？

ところで、ここで根本的な問題に戻りますが、保育士や幼稚園教諭というものは、楽しい職業なのでしょうか。みなさんは、これからそういった仕事にチャレンジしようとしているわけですから、その辺りの本音を、先輩たちから聞いてみたいと思いませんか。

そこでご紹介しますが、二〇〇九年に全国保育士養成協議会という団体から、保育士の意識調査の結果が発表されています。この調査は、全国の保育士養成校の出身者のうち、卒業後二年目、六年目、一一年目の方々を対象として行われたものです。その中で、調査当時保育・福祉関係の職場で働いていた三三一〇名の方々が、該当する項目をいくつでもあげてよいとする方式（複数回答方式）で回答された結果が集計されています。[2]

それによれば、保育士として働いている方々のもつ最大の悩みは、「職場内の人間関係」（五五・二％）であり、第二位は「仕事が多すぎて疲れる」（五二・六％）というものでした。さらに、「勤務先の方針に疑問を感じる」（四三・〇％）が続き、次いで「仕事に見合う報酬が保証されていない」（四一・七％）ことがあげられています。[3] いずれも「やはりそうか」と思われる事柄ですが、シュウカツを進めるみなさんにとって見逃せないのは、やはり給与の問題ではないかと思います。

厚生労働省が二〇一五年に行った賃金構造基本統計調査によれば、保育士の平均年収は三二二万円、月収にして平均二二万円というデータが示されています。これは、平均年齢三五・一歳、平均勤続年数七・七年の方々の数値です。参考までに、同年の短大卒業者の初任給の全国平均は一七万五六〇〇円、四年制大学の卒業者では二〇万二〇〇〇円となっています。ベテランを含めた保育士の平均的な給与水準が、大学を卒業した方々の初任給と大差ないという現実を突きつけられると、「損だな」「不安だな」と感じる[*1]のは、無理のないことです。しかし、そのような思いを抱えつつも、一生懸命仕事を続ける保育士の方々が大勢存在するのは、なぜでしょうか。

再び全国保育士養成協議会の調査結果によれば、保育士が仕事にやりがいを感じるのは、「子どもたちの成長が感じられた時」（八九・八％）や「子どもとの信頼関係が深まった時」（七七・六％）であり、「保護者から感謝された時」（六三・四％）であると報告されています。[4)] つまり、子どもたちに癒され、保護者の方々に励まされながら、毎日、保育所で頑張るみなさんの先輩たちが、日本の子育てを支えているということなのです。

確かに、保育職の求人票を見れば、その基本給が会社勤めの事務職などと比べて低い傾向にあるのは、否めない事実です。未来の日本を背負って立つ子どもたちを、よりよく育てようと考えるならば、保育職に就く人々の待遇を改善していくことは、政府によって真剣に考えられてしかるべき事柄です。[*2] しかし考えてみれば、この世の中に楽で実入りのよい仕事などあるでしょうか。おそらく、そんなにうまい話はないと思いますし、あったとしても、それが長続きするとは考えにくいのです。

基本給の水準が少し上で、一日中机に向かってひたすら事務処理を続ける仕事を選ぶか、給与は若干低めだが、子どもの成長を助けるべく、毎日汗をかきつつ奮闘する道を選ぶか。これはひとえに、みなさん一人一人の価値基準によって決断されるべきものです。どちらがよくてどちらが悪いというような、単純なことではありませんので、迷いが出るのは当然のことです。シュウカツの中でいろいろと考え迷うことを避けることはできませんが、自分で考えて出した答えだからこそ、その仕事を頑張ってやってみようという気持ちが湧いてくるのではないでしょうか。

学生の中には時々、その決断をお母さんやお父さんに委ねようとする方がいます。あるいは逆に、親御さんたちが娘や息子の就職先を決めようと、我が子以上に熱を入れてしまう様子を目にすることもありますが、それでは、実際に就職した本人が、職場で頑張るための礎《いしずえ》を築くことは難しいでしょう。「お母さんがこの会社にしろと言ったからこうなった」などと、職場での失敗すら他人のせいにするのではないかと、心配になります。

すべて楽しいことばかりなどという仕事は、皆無です。嫌なことや苦しいこと、人がやりたがらないようなことを責任をもってやり遂げることによって、お手当をいただけるのが仕事というものです。そのように割り切らない限り、みなさんはシュウカツに終止符を打つことはできないでしょう。

「私の理想とする保育所がない」などと、堂々と発言する学生を時々見かけますが、「あなた自身は、理想の保育士と言えるのでしょうか?」と尋ねてみたくなります。自分の立場をわきまえ、自分を受け入れてくださる就職先に身を委ねてみるという気持ちがない限り、いつまでたっても就職先は決まらないでしょう。

一方、学生からの就職相談の中で毎年必ず出てくるのは、保育士資格や幼稚園教諭の免許を得る見込みなのに、会社勤めをしてしまってもよいものかという、若者らしい真摯な悩みごとです。答えは、もちろん「問題ない」のです。

二年間の勉強の中で、自分が保育の仕事に向いているのか否か一生懸命考えた結果、出てきた答えが会社勤めであっても、何の不都合もありません。保育職に就かずとも、少し離れた立場から、間接的に他者の子育てにかかわることは可能です。また、異なる職種に従事しながらも、社会における子どもの幸せについて考える機会は、山のようにあるのです。保育について興味をもちながら二年間勉強してきたみなさんであれば、そのような機会をとらえることには、かなり敏感なはずです。社会の中で得たそれぞれの立場から、私たちの次代を担う人たちを育てようと意識して行動することができれば、みなさんの短大での勉強は決して無駄にはならないでしょう。みなさんにはもっと広い視野で、ご自分の仕事というものを考えてみていただきたいと思うのです。

7　ずっと学生でいたい！

三〇年以上短大の教員として学生たちの指導をしてきた私ですが、「社会人になんかなりたくない。ずっと遊んでいたい」と言う学生に、最近出会うようになりました。それまでにも、心の中でそう思っている学生が存在しなかったわけではないと思いますが、教員との一対一の面接で、それを真面目な顔ではっきりと口にする学生には、少なくとも一〇年ほど前まではお目にかからなかったように思います。一般的に言って、短大に入学してくる学生たちの多くは、「二年間で効率よく勉強して資格をとり、早く社会に出て働きたい」という願望をもっているとの認識が私にはありますので、それを覆《くつがえ》すような発言に接すると、少なからず驚かされ、そしてやはり、がっかりさせられる気持ちは否めません。

ようやく二〇歳になろうとする若者が、社会に出て荒波にもまれる覚悟をすることは、大変なことだということはよくわかります。特に、保育という責任の重い仕事を引き受けるのは、並大抵のことではありませんので、逃げ腰になってしまう人がいても不思議ではないのです。みなさんは多かれ少なかれ、そうした葛藤に打ち勝とうともがきながら、真面目にシュウカツをしているのだということを改めて考えさせられるのです。

それでも、少し厳しい見方をするならば、みなさんには、自分の立場をもっと大きな視野でとらえてみてほしいというのが、私からの注文です。と言うのも、若者が社会に出て、それぞれの立場から社会に貢献していくということは、社会が成立するために不可欠の要素だからです。今や八割の若者が高等教育を受けるのが日本の現状ですが、[*3] 無理をして仕事に就かなくともよい、適当な仕事が見つからなければ、見つかるまでアルバイト的な仕事でもしていればよいとおっしゃる親御さんも存在するようです。これは社会全体の構図から見れば、非常に危険であることは言うまでもありません。誰にも迷惑をかけていないのだから構わないのではないかというのは、非常に近視眼的な考えです。なぜなら、仕事をするということは税金を納めるということであり、それによって、私たちは社会の構成員としての義務を果たすことができるからです。みなさんにはこのことを忘れずに、シュウカツをしていただきたいと思います。

二〇〇九年に内閣府より報告された一八歳から二四歳までの若者の意識調査の国際比較[5)]を見ますと、日本の若者は、韓国、アメリカ、イギリス、フランスの同年代の若者よりも、経済的に親から早く独立すべきだとする考えに賛成する割合が高くなっています（八八・六％）。しかし、そのような意識に反して、親との同居率は韓国に次いで高くなっている（母との同居七四・二％、父との同居六八・四％）という、矛盾した状況が存在するのです。

さらにこの調査では、若者が職業を選択する際に重要視することは何かが探られていますが、日本では「仕事内容」が第一位（六九・三％）にあげられ、次いで「収入」（六七・八％）となっていますが、日本以外の四ヵ国では、いずれも八割以上の若者が「収入」を最優先すると回答しています。このことから、実入りのよい仕事を探して自立していこうという強い意志が、日本の若者には少し希薄なのではないかと感じられます。

同様の報告は、内閣府が二〇〇五年に行った別の調査からもうかがえます。その調査は、その当時職に就いていなかった一五歳から二九歳の若者とその親を対象としたものですが、就職に対する意識として、若者自身の回答では、「希望の仕事があれば働きたい」とする者が半数以上（五七・〇％）を占めているのです。[6] 言い換えれば、「働きたいとは思うが、希望の仕事がないから今は働かない」ということになります。条件付きというわけです。

親の側では、職に就いていない子どもに対しては、「多少希望と異なる仕事でも、働いてほしい」が四五・四％と最も多いのですが、気になるのは、「希望の仕事があれば働いてほしい」と、条件付きの就職を認める親が二六・二％、「本人の選択に任せる」が二三・八％にも及ぶことです。[7] 本人の希望や選択に任せるというのは、体裁はとてもよろしいように見えますが、裏を返せば「嫌なら働かなくてもいいよ」と子どもに対して言っているようなものではありませんか。おそらく、それを許すだけの経済的な余裕が親の側にはあるのでしょう。それにしても、中等教育や高等教育を終え、エネルギーがあふれているはずの若者のお尻を叩くおとながまわりにいなければ、彼らはいつまでたっても居心地のよい環境に居座り続けてしまうのではないかと、いささか不安になります。

保育士や幼稚園教諭は、辞令をいただく前に、内定先の園で一定期間の研修に参加する場合が少なくありませんが、そうした研修期間中に早くも音を上げる人が、毎年のように見られます。少し厳しいことを要求されたり、いろいろな面でご注意を受けたりすると、自分のすべてを否定されたかのように受け止めてしまいがちな人ほど、先々の仕事に対して絶望的になってしまうのでしょう。精神的におとなになりきれていないことが、社会人としてのスタートラインでつまずく原因となっているとも言えます。

過酷な勤務条件が露《あらわ》になり、とてもこれからの生活を続けていく自信がないと、涙ながらに訴えてきた卒業生に、つい最近もお目にかかりました。毎日のように、夜遅くまで幼稚園で残業しなければならないという話には、私もいささか驚かされましたが、自分の意思で内定を受けた責任というものも考えないわけにはいきません。その失礼を詫びることは避けられないのだということを説き、そのうえでなお、辞めるかどうかは自分自身で決めるべきとしか、語りかける術《すべ》がありませんでした。

結局その方は四月一日に辞令をいただいた後、約一週間勤務して退職しましたが、自分で決めた就職先で仕事を引き受けることがもはやできないという時には、そこでもまた、責任ある行動をとらなければならないのです。

つまりシュウカツというものは、自分で自分の進む道を決め、その責任をとる覚悟を決める過程を意味します。ですから、その途中でつらい場面が起きることも、当然「ある」と思っていただきたいのです。シュウカツの途中で、そのような意識をあまりもたずに済むような順調な経過をたどった人は、おそらく就職した後に、その重い責任を痛感する場面がやってくることでしょう。社会人として生活するということは、それほど楽なことではないのです。これは、幼稚園に勤めようと保育所に勤めようと、会社勤めをしようと、同じことが言えるでしょう。

ですからみなさんのシュウカツにおいては、悩みに悩み苦しんでみることが大事なのです。どのようにしたら自分が社会で生きていくことができるだろうかと、この際、真剣に考えてみてください。一生懸命に自分のことを考え、自分で決断した職場でなければ、踏ん張りはききません。親に決めてもらった就職先が嫌になった時、親のせいにすることは目に見えています。自分の進む道を自分で決めない人は、いつになっても独り立ちすることができないのです。

独り立ちしていない保育者に向き合う子どもたちは、いったいどうなるのでしょうか。ここが踏ん張りどころです。

8　チャレンジなくして得るものなし

これまで述べてきたとおり、短大生のシュウカツには、かなりの困難が伴うものであることは間違いありません。だからと言ってひるむことなく、自分の人生を自分で切り開くということに、むしろ期待と夢をもって進んでいただきたいと思うのです。

昨今の日本の若者は、安全第一、恥をかかず、人との争いを避け、問題なく平穏に過ごしたいという意識をもつ傾向にあると言われています。シュウカツに直面した学生たちを見ていると、「やはりそういう傾向はあるのかな」と感じることもありますが、自分自身の将来を非常に前向きにとらえて地道に進んでいる学生も、決して少なくありません。弟や妹の進学を控え、これ以上両親に経済的な負担をかけたくないと断言し、どうしたらそのような自立した生活を営むことができるかを真剣に考えている方もいるのです。そうした意識を明確にもった若者が世の中に出て行ってできる限りの力を発揮し、それぞれの置かれた立場から社会に貢献してくださることは、本当に価値のあるすばらしいことだと思うのです。

多くの若者たちの意識が、そのような望ましい方向に一夜にして変わることは期待できません。しかし、シュウカツの中で厳しい現実に直面し、悩み苦しみもがいていく中で自分なりの方向を見出し、頑張ろうという意識が徐々に芽生えてくることは事実です。そのような若者たちの成長の過程を、まわりのおとなたちがどのように見守り、どのように援助の手を差し伸べるかが、とても大事なことであると自戒しています。

みなさんのまわりに存在する人生の先輩たちも、若い頃には今のみなさんと同じように悩み苦しんだものなのです。選ぶ余地のない、目の前に差し出された仕事にとりあえず全力投球してみるという気持ちをもてるかもてないかで、その後の人生が大きく変わってくるということは、昔も今もそう変わらないのではないかと思います。「私はついてない」「仕事運がない」と嘆くのではなく、この仕事にどうやって取り組むかを考えることが先決です。自分に与えられた仕事を地道にこなしていくこともせず、ただ幸運をつかもうとするだけで、人生に何かが残っていくでしょうか。

どうか、自分の進む道を自分の手で選びとる自由のあることに喜びを感じてください。そして、明るく前を向いて進んでいってください。

みなさんの前途に幸あれ！

【注】

＊1　二〇一一年度に厚生労働省が全国の保育士八〇〇〇名を対象に行った調査によれば、給与が勤務内容と比べ「やや安い」または「かなり安い」と回答した者が五二・二％であり、「妥当」とする回答の四〇・九％を上回った。給与水準を妥当としない理由としては、職務上の責任の大きさに見合わないことが、七六・七％に上っている。[8)]

＊2　国は二〇一四年、保育士の月給を五％引き上げる方針を決め、二〇一五年度に三％の引き上げを実施した。残る二％は、二〇一六年度に引き上げの予定であったが、その後消費税八％の据え置き

が決定されたため、財源の確保が懸念される状況にある。

＊3　『平成27年度　文部科学省統計要覧』によれば、二〇一四年度の一八歳以上の人口に対する高等教育機関への進学率は八〇・〇％（四年制大学五一・五％、短期大学五・二％）と報告されている。

【引用文献】

1）厚生労働省雇用均等・児童家庭局保育課「子ども・子育て支援新制度について」平成26年度全国保育士養成セミナー　行政説明資料

2）石川昭義ほか「『指定保育士養成施設卒業生の卒後の動向及び業務の実態に関する調査』報告書Ⅰ―調査結果の概要―」全国保育士養成協議会　２００９年　16‐19頁

3）前掲書2）１２８頁

4）前掲書2）１１４頁

5）内閣府「『第８回世界青年意識調査』の結果について」２００９年
http://www8.cao.go.jp/youth/kenkyu/worldyouth 8/pdf/gaiyou.pdf

6）北村安樹子「若者の社会的自立と家族」『ライフデザインレポート』２００５年11月号　第一生命経済研究所ライフデザイン研究本部　28頁
http://group.dai-ichi-life.co.jp/dlri/ldi/watching/wt0511b.pdf

7）前掲書6）

8）厚生労働省「平成23年度保育士の再就職支援に関する報告書データ集」２０１１年　17頁
http://www.mhlw.go.jp/bunya/kodomo/pdf/h120423_s2.pdf

【執筆者一覧】（五十音順、※は編者）

大内晶子（おおうち・あきこ）
常磐短期大学幼児教育保育学科准教授　専門：発達心理学

※紙透雅子（かみすき・まさこ）
常磐短期大学幼児教育保育学科教授　専門：体育方法学

木村由希（きむら・ゆき）
常磐短期大学幼児教育保育学科准教授　専門：保育学

酒巻洋一（さかまき・よういち）
常磐短期大学幼児教育保育学科准教授　専門：美術（絵画）

鈴木範之（すずき・のりゆき）
常磐短期大学幼児教育保育学科准教授　専門：音楽教育学

前嶋　元（まえじま・げん）
東京立正短期大学現代コミュニケーション学科専任講師　専門：障害児保育

森慎太郎（もり・しんたろう）
常磐短期大学幼児教育保育学科助教　専門：スポーツ医学

保育の道をめざす人へのアドバイス　改訂版
―養成校での学び方から就職活動まで―

発　行　日―――2012年３月30日　初版第１刷発行
2016年８月25日　改訂版第１刷発行
2018年12月25日　改訂版第３刷発行

編　　　集―――紙透雅子
発　行　者―――竹鼻均之
発　行　所―――株式会社 みらい
〒500-8137　岐阜市東興町40　第５澤田ビル
電　話　058-247-1227(代)
FAX　058-247-1218
http://www.mirai-inc.jp/

印刷・製本―――西濃印刷株式会社

定価はカバーに表示してあります。
落丁・乱丁本はお取り替えいたします。

ISBN978-4-86015-394-6　C3037
Printed in Japan